EL NUEVO TESTAMENTO FÁCIL DE APRENDER

EL NUEVO TESTAMENTO FÁCIL DE APRENDER

UN ESTUDIO DE 60 DÍAS PARA HACER CRECER TU FE

ZACH WINDAHL

WHITAKER
HOUSE
Español

El Nuevo Testamento fácil de aprender
Un estudio de 60 días para hacer crecer tu fe

Originally published in English under the title *The New Testament made easy*, by Bethany House Publishers, a division of Baker Publishing Group, Grand Rapids, Michigan.
All rights reserved.

Traducción al español por:
Belmonte Traductores
www.belmontetraductores.com

Edición: Henry Tejada Portales

ISBN: 979-8-88769-248-7
eBook ISBN: 979-8-88769-249-4
Impreso en Estados Unidos de América
© 2024 por Zach Windahl

Whitaker House
1030 Hunt Valley Circle
New Kensington, PA 15068
www.espanolwh.com

Por favor, envíe sugerencias sobre este libro a: comentarios@whitakerhouse.com.

1 2 3 4 5 6 7 8 9 10 11 ⨇ 31 30 29 28 27 26 25 24

ÍNDICE

Introducción

Sé que Dios alineó nuestros caminos con un propósito, y no podría estar más emocionado por lo que Él va a hacer en tu vida durante este viaje de sesenta días juntos aprendiendo el Nuevo Testamento.

No solo le pido a Dios que tengas una mejor comprensión de la Palabra, sino que también encuentres un mejor sentido del propósito para tu vida, y que realmente entiendas el corazón de nuestro Padre. Él te ama enormemente y se deleita en que quieras pasar tiempo conociéndolo a través de la Escritura.

El enfoque de este estudio es acompañarte mientras lees el Nuevo Testamento desde Mateo hasta Apocalipsis. Lo único que necesitas es una Biblia y este libro. El contenido está diseñado para todo aquel que quiera entender mejor el Nuevo Testamento. Sin importar cuál sea tu edad o la profundidad de tu relación con Jesús, creo que aprenderás algo nuevo en estos sesenta días.

Antes de meternos de lleno en los libros del Nuevo Testamento, comenzaremos examinando las bases del cristianismo, la historia general de toda la Biblia y un repaso del Nuevo Testamento.

Cada día se te asignará leer entre tres y seis capítulos de la Biblia, dependiendo de su tamaño. No te preocupes, pues los he espaciado para que la lectura no sea pesada. Cuando hayas leído el texto, pasarás entre quince y treinta minutos escribiendo tus respuestas a las preguntas del día. Al final de cada semana habrá un resumen para ver cómo te sientes y cómo progresas.

Una nota final: al igual que tú, yo también quiero conocer la verdad, así que paso gran parte de mi tiempo empapándome de la Palabra de Dios e investigando ideas y perspectivas de creyentes estudiosos de todo el mundo. Me encanta estudiar, de verdad. Me hace estar vivo. Dicho eso, este estudio es una compilación de material que he reunido en los últimos años y he traducido con términos modernos para que tanto tú como yo entendamos mejor el texto. Aunque no todos los eruditos y estudiantes de la Biblia están de acuerdo en muchos de los detalles, como las fechas de escritura de algún libro en particular, o incluso en los detalles de un autor, lo que he incluido aquí es una reflexión de mi estudio intensivo. De ningún modo me considero experto o erudito. Tan solo disfruto ayudando a las personas a avanzar más en su fe en Jesucristo, nuestro Señor y Salvador.

¡Eso es todo! Esto es todo lo que tengo para ti. ¡Disfrútalo!

Zach

Lo básico del cristianismo

Antes de comenzar, tenemos que construir el fundamento de nuestra fe. Los siete pilares siguientes son el punto de inicio para entender la Biblia y crecer en tu relación con Dios, ya sea que hayas aceptado recientemente a Jesús como tu Salvador o hayas sido cristiano toda tu vida.

 Dios el Padre y lo que significa ser hijo de Dios

 Jesucristo y cómo nos salvó a ti y a mí.

 El Espíritu Santo y el poder que se nos ha dado.

La Biblia y la historia de la humanidad como un todo.

La oración y cómo nos comunicamos con Dios.

La gracia y el favor que hay sobre nosotros.

Comunidad y la importancia de hacer vida con otros.

DIOS EL PADRE

Conocido también como Señor Dios, YHWH, Abba, Elohim, Jehová, Anciano de Días, Altísimo, El-Shaddai, Adonai.

¿QUIÉN ES DIOS EL PADRE?

Lo primero es lo primero. Para entender quién es Dios, tienes que entender que está formado por tres personas iguales: Dios el Padre, Dios el Hijo y Dios el Espíritu Santo. A esto se le llama la *Trinidad*. No hay nada en nuestra realidad con lo que podamos compararlo, lo cual hace que entender la naturaleza tripartita de Dios sea bastante difícil. Muchos teólogos han intentado explicarlo mediante analogías, como la del agua, el hielo y el vapor, o todas las partes de un huevo: cáscara, yema y clara. Todas estas partes tienen su propósito por separado, pero también un propósito todas juntas. Nuestro Dios, el Dios verdadero, es Tres en Uno.

La persona inicial de la Trinidad es Dios el Padre. Vemos a Dios el Padre predominantemente en la primera parte de la Biblia, llamada el Antiguo Testamento, donde comenzamos a entender la naturaleza de Dios. Lo vemos como santo, fiel, justo y omnisciente; y como protector, amigo, proveedor. Él es un verdadero padre para sus hijos, derramando sobre ellos amor incondicional.

¿QUÉ SIGNIFICA ESO PARA MÍ?

Dios el Padre ama a su Hijo, Jesús, más que a nada en el mundo. Como hemos aceptado a Jesús en nuestra vida y ahora se nos ve a través de las lentes de Jesús (lo cual examinaremos después), Dios el Padre nos ama exactamente igual, como a uno de sus propios hijos. Por lo tanto, somos llamados "hijos de Dios" (1 Juan 3:1). Esta es la mejor noticia. Al margen de cuál sea la relación que tienes con tu padre terrenal, Dios te llama su hijo y quiere amarte incluso más.

Dios no solo es ahora nuestro Padre eterno como figura, sino que con ello llegan todo tipo de bendiciones. Somos amados, cuidados y protegidos. La Escritura dice que somos coherederos (Romanos 8:17), nuevas criaturas (2 Corintios 5:17) y sacerdotes santos (1 Pedro 2:5). No hay nada que podamos hacer para huir del amor del Padre. Es eterno e incondicional. Lo único que tenemos que hacer es aceptarlo.

JESUCRISTO

Conocido también como Cristo, Salvador, Mesías, Hijo de Dios, Hijo del Hombre, Emanuel, la Palabra, Redentor.

¿QUIÉN ES JESUCRISTO?

La segunda persona de la Trinidad es Dios el Hijo: Jesucristo. Para entender la importancia de Jesús, debes tener una comprensión global de toda la historia.

En el principio, Dios creó dos personas: Adán y Eva. Los colocó en un área llamada el jardín del Edén, el cual tenían que cultivar. En el jardín, Adán y Eva tenían una relación perfecta con Dios. Un día, se acercó una serpiente y los convenció para que fueran en contra del plan de Dios (Dios siempre nos da la elección de obedecer su Palabra o no)... Adán y Eva pecaron. En el cristianismo, este evento se llamó la *caída del hombre*, y esa decisión cambió por completo el curso de la humanidad porque levantó una barrera entre el hombre y Dios. Como respuesta, Dios dijo que un día proveería un Hijo a través de Eva, el cual aplastaría la cabeza de la serpiente, y la serpiente mordería su talón. Esto puede parecer algo confuso, pero no te preocupes por ahora.

Avanzando rápidamente en el primer libro de la Biblia, Génesis, nos encontramos con un hombre llamado Abraham. Dios dijo que a través de Abraham iba a dar nacimiento a una nueva nación: el pueblo escogido de Dios. Uno de los descendientes de Abraham se llamaba Judá, y Dios prometió que el Salvador llegaría mediante el linaje de Judá. Un poco después, Dios explica las cosas un poco mejor y dice que el Salvador será del linaje del rey David. En este momento de la historia, la presencia de Dios residía en el templo (principalmente), y muy pocas personas podían tener una relación personal con Dios, como Adán y Eva la tenían antes de la caída del hombre.

En la segunda parte de la Biblia, llamada el Nuevo Testamento, se nos presenta a un hombre llamado Jesús. Este es el Mesías, el Salvador, el Escogido que el pueblo había estado esperando desde la caída. Jesús estaba ahí para redimir la humanidad. Era cien por ciento hombre y cien por ciento Dios.

Jesús nació de una virgen, vivió una vida sin pecado, y fue crucificado por los pecados de la humanidad. El derramamiento de su sangre inocente era necesario para pagar el precio de todos nuestros pecados. Por lo tanto ahora, si hemos aceptado a Jesús en nuestro corazón, cuando Dios el Padre nos mira a ti y a mí, ve a su Hijo Jesús, inmaculado y redimido. Jesús resucitó de la muerte al tercer día y ascendió a la derecha del Padre en el cielo, y un día regresará de nuevo a buscar a su "novia", la iglesia, y restaurará la tierra a su intención original para siempre.

¿QUÉ SIGNIFICA ESO PARA MÍ?

Esta es una noticia increíble para nosotros porque, al creer solamente en Jesús y apartarnos de nuestros pecados, somos salvos de la ira de Dios y recibimos vida eterna. No tenemos que hacer obras para que Dios nos bendiga. Él nos ama tal como somos.

EL ESPÍRITU SANTO

Conocido también como Ayudador, Consolador, Intercesor, Espíritu de Dios, Espíritu de verdad, Paloma, Presencia de Dios.

¿QUIÉN ES EL ESPÍRITU SANTO?

La tercera persona de la Trinidad es el Espíritu Santo: la presencia y el poder de Dios en la tierra hoy día. Primero vemos al Espíritu Santo moviéndose sobre el caos al comienzo de la Biblia antes de que nada ni nadie fuera creado. Después comenzamos a ver al Espíritu descender sobre distintas personas a lo largo del Antiguo Testamento, capacitándolos para hacer cosas grandes y maravillosas. En el Nuevo Testamento, cuando Jesús fue bautizado, el Espíritu Santo descendió del cielo y reposó sobre Él en forma de paloma. El Espíritu permaneció con Jesús por el resto de su vida, lo cual le permitió producir buen fruto y hacer milagros, como sanar a los enfermos, profetizar y resucitar a personas de la muerte.

Cuando Jesús se fue de la tierra, el Espíritu descendió sobre todos sus discípulos empoderándolos para hacer también milagros y guiar a otros a Jesús. El Espíritu sigue presente hoy, vivo y activo, moviéndose de maneras que nuestra mente no puede comprender.

¿QUÉ SIGNIFICA ESO PARA MÍ?

Así como el Espíritu Santo descendió sobre los discípulos en aquel entonces, Él desciende sobre todos los que creemos hoy y nos empodera para hacer cosas que no podríamos hacer por nosotros mismos. Él es nuestro Ayudador, Maestro, Guía hacia la verdad, y nos anima a compartir nuestra fe. Él nos da dones espirituales, produce características piadosas en nosotros, e incluso nos usa de maneras sobrenaturales para compartir el amor de Dios con otros. Cuanto más tiempo pases en la presencia de Dios, más te usará de maneras increíbles.

LA BIBLIA

Conocida también como Palabra, Palabra de Dios, Libro Santo, Escritura, Canon, Espada, el Buen Libro.

¿QUÉ ES LA BIBLIA?

Para decirlo de manera sencilla, la Biblia es la Palabra de Dios. Cuenta la historia del amor de Dios por la humanidad. La Biblia es exacta, tiene autoridad, es inspirada por el Espíritu Santo y es aplicable a nuestra vida diaria.

La Biblia es una colección de sesenta y seis libros, divididos en dos secciones llamadas Antiguo Testamento y Nuevo Testamento. El Antiguo Testamento contiene treinta y nueve libros y cuenta la historia del pueblo escogido de Dios (Israel) y las vicisitudes que sufrieron cuando escogieron vivir la vida con y sin la ayuda de Dios. El Nuevo Testamento contiene veintisiete libros que describen la vida de Jesús y de la iglesia primitiva. Aunque hay dos grandes secciones en la Biblia, el tema global de la historia es el deseo de Dios de que la humanidad lo conozca, lo ame y confíe en Él. La Biblia termina hablándonos sobre un día en el futuro en el que Jesús regresará y restaurará todas las cosas.

¿POR QUÉ DEBO ESTUDIAR LA BIBLIA?

La Biblia es el libro más importante que podrías leer y estudiar. Cuanto más tiempo pases en él, más te hablará Dios mediante su Palabra. Su propósito es enseñarte, corregirte y desarrollarte para que llegues a ser la persona que Él te hizo. Responde preguntas, aporta claridad, nos enseña sobre Dios, y nos muestra que Él tiene un plan para nosotros. La clave será no abrumarnos ante un libro tan grande. Quizá no todo te parezca que tiene sentido al principio, pero sigue explorándolo y tu vida cambiará para mejor.

LA ORACIÓN

Conocida también como intercesión, invocación, devoción, comunicación, conversación, acceso directo.

¿QUÉ ES LA ORACIÓN?

La oración es conversar con Dios. Para simplificarlo todo lo posible, oración es cuando hablas con Dios. Y puedes contarle todo. Él no tiene miedo de tus pensamientos ni de tu situación. Como es omnisciente, nada le sorprenderá. Nada es demasiado grande o pequeño para orar por ello, porque Dios quiere involucrarse en cada parte de tu vida. Puedes pedirle ayuda, guía, claridad, perdón, sabiduría, o tan solo compartir cuán agradecido estás. La oración no tiene que ser larga e interminable. Puede ser corta y dulce si quieres que así sea. Lo único que Dios quiere es que hables con Él con un corazón abierto, y que seas transparente con tus ideas y sentimientos.

¿POR QUÉ DEBERÍA ORAR?

La oración no solo es un milagro en sí misma porque puedes hablar directamente con el Dios del universo, sino que la oración también cambia tu vida de muchas otras maneras.

La oración nos da fortaleza.

La oración conduce a cambios.

La oración nos hace más como Jesús.

Desarrolla nuestra relación con Dios.

Provee restauración.

Produce perdón.

Dios nos responde cuando le hablamos.

LA GRACIA

Conocida también como favor, aceptación, propósito, bondad, bendición, compasión, misericordia.

¿QUÉ ES LA GRACIA?

La gracia es el favor inmerecido de Dios sobre nuestra vida. Es lo que nos salva. No hay nada que podamos hacer para ganarnos la gracia de Dios. Es un regalo gratuito de su parte.

¿POR QUÉ ES IMPORTANTE LA GRACIA?

Para entender la gracia de Dios, piensa en el tiempo en que vivías antes de aceptar a Jesús en tu corazón. Como pecador, culpable de quebrantar las leyes de Dios y merecer la muerte, la única manera de redimir tu alma era por medio de Jesús.

Ahí entra la *gracia*.

Cuando confiamos en Jesús para que nos salve, Dios por su gracia nos perdona nuestros pecados y nos transforma en nuevas criaturas por completo: lo viejo ha pasado y llega lo nuevo. Y aunque seguiremos pecando y cometiendo errores, la gracia también nos equipa para llevar a cabo los planes que Dios tiene para nuestra vida. No merecemos la gracia, pero Dios nos la da de todos modos porque nos ama incondicionalmente.

COMUNIDAD

Conocida también como cuerpo, iglesia, congregación de los santos, esposa de Cristo, asamblea de creyentes.

¿QUÉ ES LA COMUNIDAD?

La comunidad cristiana es especial. No hay nada como ella cuando se desarrolla bien. La comunidad cristiana se refiere a un grupo de personas que han sido unidas mediante la fe en Jesús. Es la iglesia, ya sea grande o pequeña. La comunidad funciona para apoyar a las personas en su viaje de fe y para crecer juntas. Es un lugar seguro donde enseñar a las personas, animarlas y corregirles en su fe.

¿POR QUÉ YO DEBERÍA SER PARTE DE UNA COMUNIDAD CRISTIANA?

Todo cristiano debería ser parte de una comunidad cristiana porque la fe cristiana no es para vivirla en solitario. La vida es para vivirla con otros. Y conectarse a una comunidad cristiana sólida te ayudará a avanzar más en tu relación con Dios. Una comunidad saludable te ayudará cuando estés desanimado, te levantará, será un hombro sobre el que puedes llorar, celebrará contigo y responderá tus preguntas sobre Dios.

Cuando escojas una comunidad cristiana en tu zona de la que quieras ser parte, hay muchas maneras de involucrarte. Puedes servir en un equipo, asistir a un grupo pequeño, tomar clases para avanzar o tan solo asistir a comidas con otras personas de la comunidad. Si no sabes por dónde comenzar, pregúntale a algún miembro del equipo y ellos te señalarán en la dirección correcta.

Una historia panorámica de la Biblia

Una de las cosas más importantes que puedes hacer por tu fe es tener una comprensión general de la Biblia como un todo. Así, a medida que vayas profundizando más, tendrás un entendimiento general de cada libro para volver siempre a la historia completa que está ocurriendo: la historia del amor de Dios por su pueblo.

En pocas palabras, el tema principal de la Escritura es que Dios creó algo hermoso, la humanidad decidió ir en contra de su plan, y el resto de la historia tiene que ver con Dios buscando a su pueblo, en el cual vemos una restauración completa al final.

Paraíso —> desobediencia —> restauración —> paraíso de nuevo

Para iniciarlo todo, en el principio de la Biblia vemos que hay un caos en toda la tierra, y de ese caos Dios comienza a poner orden mediante la luz, la tierra y la vida. Crea una zona llamada el jardín del Edén, que es un lugar de perfección. Él estaba allí presente, y todo dentro del jardín ocurría conforme al diseño original. Dios creó a un hombre llamado Adán y a una mujer llamada Eva. Se les ordenó crear una familia y cultivar el jardín. Tenían que llenar la tierra y vivir en una relación perfecta con Dios.

Sin embargo, un día entró en escena una serpiente y los convenció para que fueran en contra del plan de Dios. Dios siempre nos deja decidir: obedecer su Palabra o no, escoger el bien o el mal. Y Adán y Eva escogieron el mal. Pecaron.

En el cristianismo, a este evento se le llama la *caída del hombre*, y esa sola decisión cambió el curso de la humanidad porque levantó una barrera entre el hombre y Dios. Como respuesta, Dios dijo que un día llegaría un Hijo a través de Eva que redimiría a toda la humanidad ante los ojos de Dios.

Avanzando rápidamente en la historia nos encontramos con un hombre llamado Abraham. Dios dijo que a través de Abraham iba a dar nacimiento a una nueva nación, el pueblo escogido de Dios, cubierto por las bendiciones de Dios. Y sería mediante su familia que Dios iba a traer la restauración al mundo. La familia crece cada vez más, y el pueblo termina en esclavitud en Egipto. Dios usa a un hombre llamado Moisés para liberarlos de la esclavitud mediante una serie de milagros.

El pueblo vagó por el desierto durante un buen tiempo, y Dios les da lo que se conoce como la Ley. Es básicamente un libro de reglas sobre cómo vivir una vida santa que agrade a Dios. Al seguir la Ley, los israelitas destacaban entre sus vecinos y representaban una manera de vivir nueva y contracultural.

Vemos al pueblo de Dios, los israelitas, llegar a una zona llamada la Tierra Prometida, "tierra que fluye leche y miel" (Josué 5:6). Se supone que debía ser extraordinaria, pero el pueblo seguía desobedeciendo a Dios y escogiendo lo malo.

En el resto del Antiguo Testamento, que es la primera parte de la Biblia, vemos la historia con altibajos una y otra vez. El pueblo escogía el bien y después el mal, después el bien, y después el mal otra vez. Es un patrón que refleja que querían hacer siempre las cosas a su manera en lugar de seguir lo que se les dijo que era lo correcto.

Los israelitas terminaron de nuevo en el exilio, esta vez bajo la nueva potencia mundial llamada Babilonia. Después se nos presenta a un grupo de profetas que hablan al pueblo en nombre de Dios, diciendo que, si se alejan del mal, Él los librará mediante un Mesías, un Salvador. Sin embargo, esa persona no apareció rápidamente; en realidad, lo hizo mucho después. Dios guardó silencio durante cuatrocientos años. No es que no se estuviera moviendo, sencillamente no estaba hablando a su pueblo.

En los primeros cuatro libros del Nuevo Testamento, que son los Evangelios, nos encontramos con Jesús, y Él nos enseña cómo incorporar el reino de Dios a nuestra vida diaria.

Sin embargo, a las autoridades no les gustaba Jesús y no creían que era verdaderamente el Hijo de Dios, así que lo mataron. Pero lo que no imaginaban ellos es que el derramamiento de su sangre inocente era necesario porque, en la cruz, Él llevó los pecados de toda la humanidad para cancelar nuestra deuda. Por lo tanto ahora, si hemos aceptado a Jesús en nuestro corazón, cuando Dios el Padre nos mira a ti y a mí, ve a su Hijo Jesús, inmaculado y redimido.

Jesús después resucitó de la muerte al tercer día. Este es el momento más importante de toda la historia, y nuestra vida nunca será la misma gracias a ello. Jesús derrotó al poder del pecado y de la muerte, de esta manera no salvó y nos permitió tener un futuro a su lado. A causa de eso nos convertimos en nuevas criaturas espiritualmente hablando.

La historia de la Biblia termina con una restauración plena de la tierra misma; todo el mal que permitimos que la consumiera será destruido.

Esta es la historia panorámica de la Biblia. Ahora que la conoces, serás capaz de ver cómo cada historia a lo largo de la Biblia encaja en el cuadro general y, al final, qué parte tienes tú que desempeñar en todo ello.

Repaso del Nuevo Testamento

- ▶ 27 Libros
- ▶ Lenguaje griego
- ▶ Primer siglo d. C.

EVANGELIOS

Mateo

Marcos

Lucas

Juan

OBRAS

Hechos

EPÍSTOLAS PAULINAS

Romanos

1 Corintios

2 Corintios

Gálatas

Efesios

Filipenses

Colosenses

1 Tesalonicenses

2 Tesalonicenses

1 Timoteo

2 Timoteo

Tito

Filemón

EPÍSTOLAS CRISTIANAS HEBREAS

Hebreos

Santiago

1 Pedro

2 Pedro

1 Juan

2 Juan

3 Juan

Judas

REVELACIÓN

Apocalipsis

Figuras clave en el Nuevo Testamento

JESUCRISTO

Jesucristo es el Mesías, Dios hecho carne. Su ministerio duró más de tres años, pero el impacto que tuvo es atemporal. Jesús vino a la tierra para redimir a la humanidad y llevarla a una relación correcta con Dios. Aprenderás más sobre Él en los cuatro primeros libros que estudiaremos juntos, los relatos de los Evangelios de Mateo, Marcos, Lucas y Juan.

DISCÍPULOS

La palabra *discípulo* significa "un seguidor o estudiante de un maestro, líder o filósofo", según una búsqueda rápida de Google (traducido de un diccionario inglés proporcionado por *Oxford Languages*). Cuando hablamos sobre los discípulos de Jesús, nos referimos a sus doce amigos más cercanos mientras estuvo en la tierra. Fueron Andrés, Bartolomé, Jacobo hijo de Zebedeo, Jacobo hijo de Alfeo, Juan, Judas Iscariote, Judas el hermano de Jacobo, Mateo, Pedro, Felipe, Simón el zelote y Tomás. Algo que destacar es que los discípulos eran bastante jóvenes, posiblemente entre las edades de trece y treinta años.

JUAN EL BAUTISTA

Juan el Bautista era un profeta que se levantó después de los cuatrocientos años de silencio que siguieron a las palabras de Malaquías. Fue el precursor de Cristo con la misión de allanar el camino y preparar a la gente para la llegada de Jesús. Juan el Bautista también era primo carnal de Jesús.

JUAN

A Juan también se le conoce como el *discípulo amado* por lo mucho que Jesús lo amaba. Fue fiel hasta el final y se le confió el cuidado de María, la madre de Jesús. Escribió uno de los Evangelios, tres cartas a iglesias en Asia Menor y el libro de Apocalipsis.

PABLO

Pablo era conocido como el hebreo de hebreos por haber estudiado bajo Gamaliel, un venerado rabino y miembro del Sanedrín, y era un fariseo extremista, lo cual significaba que se tomaba su religión muy en serio. Pablo experimentó una conversión radical a Cristo (lo cual leeremos en el libro de Hechos), y se convirtió en el mayor misionero de la iglesia primitiva. Pablo fundó muchas iglesias en el mundo grecorromano, y hoy tenemos cartas para algunas de esas iglesias que nos dan la base de nuestra teología.

LUCAS

Lucas era un médico además de amigo y compañero de viajes de Pablo durante una parte de su obra misionera. Según muchos eruditos, Lucas era gentil (una persona que no era judía), lo cual lo convertiría en el único autor gentil del Nuevo Testamento, escribiendo un Evangelio y el libro de Hechos. Algunos eruditos creen que escribió ambas cartas como testimonio para el juicio romano de Pablo.

PEDRO

Pedro fue uno de los primeros discípulos a los que Jesús pidió que lo siguieran. Jesús sabía que Simón sería una gran voz para el reino; por lo tanto, le cambió el nombre de Simón (que significaba *junco*) por Pedro (que significa *piedra*), y aunque Pedro tuvo sus altibajos, nos dio algunas palabras maravillosas narradas en su sermón el día de Pentecostés (algo que leeremos en Hechos) y en sus dos cartas de seguimiento: 1 Pedro y 2 Pedro.

TIMOTEO

Timoteo era el hijo espiritual de Pablo y era muy amado por él. Timoteo también ayudó a escribir varias de las cartas de Pablo, y dos esas cartas escritas por Pablo fueron dirigidas a él como ánimo a permanecer firme en la fe y seguir con el mensaje del evangelio.

JACOBO

Jacobo (o Santiago) era un hermano de Jesús que no creyó que Jesús era el Mesías hasta después de su resurrección. Santiago después se convirtió en uno de los principales líderes de la iglesia en Jerusalén y era muy respetado entre otros creyentes. Terminó escribiendo el libro de Santiago como literatura de sabiduría para añadirla al Nuevo Testamento. Se dice que, después de ser martirizado, sus amigos vieron sus rodillas por primera vez, y eran como las rodillas de un camello porque pasaba mucho tiempo arrodillado en oración.

METAS PARA 60 DÍAS

Al margen de lo que hayas hecho en el pasado, lo que importa es el *ahora*. Dios te ama mucho y se deleita en que quieras pasar tiempo conociéndolo a través de la Escritura.

- ▶ ¿Dónde estás actualmente en tu viaje de fe?

- ▶ Cuando piensas en la Biblia, ¿qué se te pasa por la mente?

- ▶ Escribe tres cosas que quieras sacar de este estudio.

    1.

    2.

    3.

Evangelio de Mateo

AUTOR

El autor del primer Evangelio del Nuevo Testamento fue Mateo, un discípulo y exrecaudador de impuestos.

FECHA

Mateo escribió su Evangelio aproximadamente entre los años 50 y 55 d. C., probablemente desde Antioquía, según algunos estudiosos.

AUDIENCIA

El contenido de Mateo se enfoca mucho en que Jesús es el Mesías, el Rey de los judíos, indicando que su audiencia era casi completamente judía.

MOTIVO

El Evangelio de Mateo se escribió para mostrar al pueblo judío que Jesús era el Mesías que habían estado esperando.

TEMA

Jesús es el Mesías judío, el cumplimiento de las profecías del Antiguo Testamento.

VERSÍCULO CLAVE

"No penséis que he venido para abolir la ley o los profetas; no he venido para abolir, sino para cumplir" (Mateo 5:17).

RESUMEN

El Evangelio de Mateo es el primer libro del Nuevo Testamento, lo cual es importante porque Mateo era un judío que escribía para una audiencia judía, a fin de mostrarles que su Mesías había llegado. Los judíos creían que algún día Dios enviaría a una persona que traería el reino de Dios a la tierra mediante un acto de redención total. Esta persona era conocida como el Mesías, y el pueblo de Dios había profetizado acerca de su llegada durante miles de años. Esperaban que llegara con fuerza, derrocando al gobierno; sin embargo, como verás cerca del final del Evangelio, Jesús vino de un modo muy distinto.

El Evangelio de Mateo es un libro fenomenal de cumplimiento. Cuando analizamos los cuatro Evangelios, debemos recordar ponernos en los zapatos de los lectores originales para poder entender mejor lo que se está enseñando. En este caso, Mateo utiliza muchas más referencias al Antiguo Testamento que los otros autores de los Evangelios, y no se siente obligado a explicar el estilo de vida judío. La audiencia entendía todo lo que él decía. Si estás comenzando a leer la Biblia, el Evangelio de Mateo hará mención de algunas cosas que podrían no tener mucho sentido para ti ahora mismo, pero que aprenderás más adelante.

Cerca del final del libro, las últimas palabras de Jesús que Mateo registra son: "Y acercándose Jesús, les habló, diciendo: Toda autoridad me ha sido dada en el cielo y en la tierra. Id, pues, y haced discípulos de todas las naciones, bautizándolos en el nombre del Padre y del Hijo y del Espíritu Santo, enseñándoles a guardar todo lo que os he mandado; y he aquí,

yo estoy con vosotros todos los días, hasta el fin del mundo" (28:18-20).

Esta declaración es lo que se conoce como la Gran Comisión. Es también lo que se nos ha encomendado a nosotros: hacer discípulos, bautizarlos y enseñarles acerca de la Biblia. Nuestro llamado es seguir haciendo que Jesús sea el centro.

Jesús es el centro del Evangelio de Mateo. Jesús como judío y enviado a los judíos. Es el clímax de la fe. Mateo es un genio a la hora de escribir porque muestra una profecía tras otra del Antiguo Testamento, confirmando que Jesucristo es el único y verdadero Mesías que todos habían estado esperando. Desde el lugar de su nacimiento hasta su medio de transporte para entrar en Jerusalén como Rey, todo fue tal y como había sido profetizado. Dios prometió desde el principio que un día llegaría un Mesías para salvar a su pueblo. Jesús es ese Mesías. Lo triste es que muchas personas no se dieron cuenta. No podían entender que el Mesías había llegado de verdad porque no vino como un rey conquistador para hacer lo que todo el mundo esperaba.

Como vemos una y otra vez, Yahvé es un Dios de segundas oportunidades. Él sabe que nos resulta difícil aceptar las cosas a la primera, especialmente algo tan impresionante como la llegada del Mesías. La buena noticia es que Él volverá. Un día estará de regreso para reinar como el Rey supremo y juzgar a todos como corresponda.

Pero, hasta entonces, ¡sigue estudiando este libro!

DÍA 1

▶ ¿Por qué crees que Mateo comenzó con la genealogía de Jesús?

▶ ¿Has sido bautizado? Si no es así, ¿te anima la historia del bautismo de Jesús a ser bautizado algún día?

▶ Satanás intentó tentar a Jesús con tres cosas. ¿Cómo respondió Jesús cada una de las veces?

1.

2.

3.

▶ Jesús les dijo a Simón (Pedro) y a Andrés "síganme", y ellos dejaron todo atrás para seguirlo. ¿Qué tenía Jesús para que actuaran así?

▶ ¿Qué versículo de las Bienaventuranzas (Mateo 5:1-2) te llamó más la atención? Explica por qué.

▶ Cuando piensas en la expresión *reino de los cielos,* ¿qué viene a tu mente?

▶ Jesús habló de vivir una vida enfocada en producir "buen fruto". ¿Dirías que tu vida ahora mismo produce buen fruto? Si no es así, ¿qué puedes mejorar?

▶ Jesús habló y las personas fueron sanadas; habló y la tormenta se calmó; habló y los demonios huyeron. Mientras lees estas palabras, tal vez por primera vez, ¿qué pasa por tu mente?

DÍA 3

LEE MATEO 9-12

▸ ¿Qué es un discípulo?

▸ Enumera a continuación a los doce discípulos.

1. _____   7. _____

2. _____   8. _____

3. _____   9. _____

4. _____   10. _____

5. _____   11. _____

6. _____   12. _____

▸ ¿Apartas un día a la semana para descansar (un *sabbat*)? ¿Por qué sí o por qué no?

▸ ¿Alguna vez has sido testigo de un milagro? ¿Qué ocurrió?

▸ ¿Por qué crees que Jesús hablaba en parábolas? (Mateo 13:13-17).

▸ Jesús comparó el reino de Dios con muchas cosas diferentes (ver capítulo 13). ¿Cuál de los ejemplos tiene más sentido para ti?

▸ Hasta ahora en nuestras lecturas se ha hecho mención a muchas historias milagrosas. ¿Cuál es la más interesante para ti? ¿Por qué?

▸ Jesús alimentó a cinco mil hombres y luego a cuatro mil hombres con solo unos cuantos elementos. ¿Qué fue lo primero que hizo? ¿Cuánto sobró? ¿Crees que esos números tienen algún significado?

DÍA 5

LEE MATEO 16-20

▸ ¿Por qué Jesús llamó "Satanás" a Pedro? ¿Te parece un poco excesivo?

▸ Mateo describe la experiencia del Monte de la Transfiguración, que incluye la aparición de Elías y Moisés hablando con Jesús. ¿Cómo crees que serán nuestros cuerpos glorificados? ¿Será diferente nuestra apariencia? ¿Qué edad crees que tendremos?

▸ Si fueras el joven rico, ¿te costaría aceptar lo que Jesús dijo?

▸ ¿Hay algo que te haya sorprendido acerca de las acciones de Jesús en la lectura de hoy?

► ¿Por qué crees que Jesús entró en Jerusalén montado sobre un burro?

► ¿Qué hizo Jesús cuando entró en el templo? ¿Por qué?

► ¿Cómo describió Jesús su segunda venida (Mateo 24:29-31)?

► ¿Crees que Jesús volverá cuando tú estés vivo?

▶ ¿Qué aprendiste de la parábola de los talentos (Mateo 25:14-20)?

▶ ¿Quién traicionó a Jesús? ¿Por qué crees que lo hizo?

▶ ¿Crees que Pilato creía que Jesús era el Mesías?

▶ ¿De qué maneras estás cumpliendo la Gran Comisión (Mateo 28:16-20)?
¿Cómo puedes mejorar?

SEGUIMIENTO SEMANAL Y ORACIÓN

▶ ¿Qué es lo más importante que aprendiste esta semana?

▶ ¿Cómo puedes aplicar esa enseñanza a tu vida?

▶ Escribe una breve oración por la semana que tienes por delante.

Evangelio de Marcos

AUTOR

El Evangelio de Marcos fue escrito por Marcos, conocido también como Juan Marcos. Ayudó en algunos viajes misioneros, y después de un abandono temprano, más adelante Pablo se refirió a él como uno de sus "colaboradores" (Filemón 24) y dijo que había sido "útil" para él en el ministerio (2 Timoteo 4:11)

FECHA

Hay mucho debate sobre qué Evangelio se escribió primero. Algunos creen que Mateo y Lucas fueron primero, y que Marcos sacó sus historias de ellos. Otros creen que Marcos escribió primero, y Mateo y Lucas se inspiraron en su relato. No sabemos con certeza el orden en el que se escribieron los Evangelios, pero es probable que el Evangelio de Marcos se escribiera entre los años 55 y 59 d. C.

AUDIENCIA

Este Evangelio se escribió para los cristianos en Roma. Si Marcos se escribió en una fecha posterior, sabemos que había miles de cristianos que estaban siendo martirizados en Roma en ese momento. También sabemos que la iglesia primitiva se reunía en las catacumbas (el cementerio de los mártires), lo cual era un crudo recordatorio del riesgo que corrían. Marcos pudo haber leído este Evangelio a los demás creyentes que estaban allí. Piensa en lo mucho más impactante que sería, en ese caso, la historia.

MOTIVO

Marcos muestra a Jesús como un Siervo que sufre, para animar a los lectores a perseverar en medio de cualquier tipo de persecución que estuvieran enfrentando. Muestra el poder y las acciones de Jesús más que los otros Evangelios, para demostrar que este Siervo era realmente el Rey.

TEMA

Jesús como el Siervo sufriente.

VERSÍCULO CLAVE

"Porque ni aun el Hijo del Hombre vino para ser servido, sino para servir, y para dar su vida en rescate por muchos" (Marcos 10:45).

RESUMEN

Marcos es un libro único porque resalta los milagros mucho más que las enseñanzas. Incluye, en estos dieciséis capítulos, al menos dieciocho milagros y solo entre cuatro y diez parábolas (el número varía dependiendo de quién esté contando y cómo), así como un discurso principal. Marcos no menciona a los antepasados de Cristo porque el tema es que Cristo es un siervo, y a nadie le importan los antepasados de un siervo. Ninguno de los Evangelios identifica al autor porque no quieren poner la atención sobre sí mismos. Marcos está en esta misma categoría.

Entonces, ¿quién era Marcos?

Marcos era demasiado joven para ser un discípulo, pero le fascinaba estar con Jesús y por eso pasaba el mayor tiempo posible con Él.

Se podría decir que Marcos era hiperactivo. La palabra *inmediatamente* se repite cuarenta y una veces; Marcos siempre estaba de un lugar a otro. No podía quedarse quieto y quería estar siempre en el centro de la acción. Tal vez por eso el libro de Marcos se enfoca tanto en las acciones de Jesús en lugar de sus sermones.

Cerca del final del Evangelio, Marcos afina su enfoque y explica la verdadera razón para la llegada de Cristo a Jerusalén. Marcos nos da la versión más profunda de todos los Evangelios de la última semana del ministerio de Jesús. Jesús sabía lo que iba ocurrir, y no iba a ser agradable. Debía entregar su vida a cambio de todos los pecados de la humanidad. Él se hizo pecado para que nosotros pudiéramos ser libres del pecado. Todas las enfermedades, todos los problemas de ira, todas las adicciones, todos nuestros deseos malvados del pasado, presente y futuro fueron clavados en la cruz para que pudiéramos ser hechos libres. Las cosas con las que batallamos hoy ya fueron solucionadas hace dos mil años. Si Jesús es tu Salvador personal, eres LIBRE. ¡AHORA MISMO!

Como Marcos escribía su Evangelio para los cristianos romanos, muchos de los cuales eran gentiles, este Evangelio es un buen punto de partida para los que no creen o para los creyentes nuevos, porque está escrito para que los gentiles lo entiendan. Engloba todo lo básico. Muestra lo que hizo Jesús y lo que nosotros somos llamados a hacer.

DÍA 8

▶ ¿Cómo crees que reaccionaron las personas cuando se oyó la voz de Dios desde el cielo durante el bautismo de Jesús?

▶ ¿Qué crees que significa que tus pecados sean perdonados?

▶ ¿Cuál es la conexión entre que alguien sea sanado y sus pecados sean perdonados, como vemos en la historia del paralítico (Marcos 2:1-12)?

▶ ¿Cómo respondió Jesús cuando le increparon por trabajar en el día de reposo (Marcos 2:23-28)?

▶ ¿Cómo liberó Jesús al endemoniado (Marcos 5:1-13)? ¿Qué nos enseña esta historia sobre los demonios?

▶ ¿Por qué crees que Marcos se enfocó en los demonios en tantas de sus historias?

▶ ¿Por qué Jesús no fue bien recibido en su ciudad natal (Marcos 6:1-6)?

▶ ¿Qué les dijo Jesús a los discípulos que hicieran si no los recibían en una ciudad nueva?

DÍA 10

▶ Los ocho primeros capítulos de Marcos se centran en sanidades, milagros y echar fuera demonios. ¿Cuál de estas historias fue tu favorita? ¿Por qué?

▶ ¿Qué hizo Pedro después de que Jesús predijo su muerte y resurrección? (Marcos 8:32)

▶ ¿A qué crees que se refería Jesús cuando dijo: "Todas las cosas son posibles para el que cree" (Marcos 9:23)?

▶ Nuestro versículo clave de este Evangelio dice: "Porque ni aun el Hijo del Hombre vino para ser servido, sino para servir, y para dar su vida en rescate por muchos" (Marcos 10:45). ¿De qué manera sirvió Jesús a los demás? ¿Cómo te inspira esto a servir mejor a las personas a tu alrededor?

▶ ¿Por qué crees que muchas veces Jesús respondía a las preguntas con otra pregunta?

▶ ¿Qué crees que quería dar a entender Jesús cuando contó la parábola de los labradores (Marcos 12:1-12)?

▶ ¿Cuál fue la lección de la viuda con las dos monedas de cobre (Marcos 12:41-44)?

▶ ¿Qué crees que pasaba por la mente de los discípulos cuando se enteraron de todas las cosas que ocurrirían?

DÍA 12

▶ ¿Por qué derramó el perfume sobre los pies de Jesús la mujer con el frasco de alabastro (Macos 14:3-9)?

▶ Pedro negó a Jesús tres veces. ¿Qué crees que habrías hecho tú si hubieras estado en el lugar de Pedro?

▶ Jesús se hizo pecado para que nosotros pudiéramos ser hechos libres. Cualquier cosa que puedas estar enfrentando hoy fue solucionada hace dos mil años. ¿Has entendido esta revelación? ¿Cómo cambia esa verdad tu manera de vivir?

▶ Utilizando conceptos del Evangelio de Marcos, ¿cómo evangelizarías a alguien que no es cristiano? Recuerda que tu audiencia no tendrá conocimientos del Antiguo Testamento, así que debes hacer un resumen del mensaje del evangelio que sea lo más fácil posible de entender.

BIENAVENTURADOS los POBRES EN ESPÍRITU,
porque de ellos es el REINO DE LOS CIELOS.

BIENAVENTURADOS los que LLORAN,
pues ellos serán CONSOLADOS.

BIENAVENTURADOS los HUMILDES,
pues ellos HEREDARÁN LA TIERRA.

BIENAVENTURADOS los que TIENEN HAMBRE Y SED DE JUSTICIA,
pues ellos SERÁN SACIADOS.

BIENAVENTURADOS los MISERICORDIOSOS,
pues ellos RECIBIRÁN MISERICORDIA.

BIENAVENTURADOS los de LIMPIO CORAZÓN,
pues ellos VERÁN A DIOS.

BIENAVENTURADOS los que PROCURAN LA PAZ,
pues ellos serán llamados hijos de Dios.

BIENAVENTURADOS aquellos que han sido PERSEGUIDOS POR CAUSA DE LA
JUSTICIA, pues de ellos es el REINO DE LOS CIELOS.

Mateo 5:3-10

LAS BIENAVENTURANZAS

Evangelio de Lucas

AUTOR

El Evangelio de Lucas lo escribió un amigo de Pablo llamado Lucas. Dos cosas importantes a tener en cuenta al estudiar este libro y también el de Hechos son que Lucas era médico y también gentil.

FECHA

Este Evangelio se escribió seguramente mientras Pablo estaba preso en Cesarea entre los años 58 y 60 d. C. o durante su encarcelamiento romano entre el 60 y el 62 d. C.

AUDIENCIA

Lucas dirigió su Evangelio a un solo hombre: "excelentísimo Teófilo". Entonces, ¿quién es Teófilo?

Los estudiosos han hecho muchas afirmaciones diferentes sobre quién era. Algunos dicen que era quien apoyaba a Pablo económicamente, algunos creen que era el amo de Lucas, y otros creen que era el oficial romano o el juez que supervisaba el juicio de Pablo.

Yo coincido con la última de las tres opciones. Lucas hace un trabajo increíble recopilando toda la información a través de entrevistas con testigos oculares, y después presenta la conclusión de que ni Jesús ni Pablo tenían grandes problemas con el gobierno romano. Además, Lucas concluye el libro de Hechos justo antes de la audiencia de Pablo, el mismo momento en el que estos escritos serían presentados ante el juez.

MOTIVO

Como recién vimos, este Evangelio podría haberse escrito para conseguir que Pablo fuera liberado y pudiera continuar su viaje llevando el evangelio alrededor del mundo. Es una impresionante aproximación al evangelio a través de los ojos de un médico gentil que se enfocó en la humanidad del Hijo del Hombre.

TEMA

Cristo también es el Salvador de los gentiles.

VERSÍCULO CLAVE

"Porque el Hijo del Hombre ha venido a buscar y a salvar lo que se había perdido" (Lucas 19:10).

RESUMEN

Cuando estudias los cuatro Evangelios, lo más importante que puedes hacer es ver las historias a través de los ojos del autor. En este caso, Lucas le está escribiendo a un juez romano en nombre de su amigo Pablo. Por lo tanto, lo que más le importa al juez es cómo interactuó Jesús con los gentiles, los romanos y las mujeres. Lucas es un libro único en el sentido de que incluye muchas historias que los otros autores no incluyeron en sus Evangelios porque no pudieron entrevistar a las personas necesarias. Lucas no estuvo presente durante el ministerio de Jesús, así que tuvo que conseguir la información de todos los testigos oculares que pudo para construir una narrativa que asegurara la libertad de Pablo. Esa podría ser la razón de que este libro es diferente cuando se compara con los otros Evangelios. Y Lucas, siendo médico, analizó a Jesús desde la perspectiva de Hijo del Hombre. Por eso menciona la genealogía de Jesús hasta el primer hombre, Adán, a través del linaje de María.

A Lucas le parecía importante pasar tiempo analizando los milagros de sanidad del ministerio de Jesús, no precisamente para demostrar a los romanos que Jesús era Dios, sino porque, como médico, seguramente a él mismo le fascinaban. Los relatos son realmente increíbles para aquellos que no han experimentado o sido testigos del poder de Dios. En comparación con los otros autores de los Evangelios, Lucas también presta más atención al Espíritu Santo y al poder que Él produce a través del hombre natural. Lucas y el libro de Hechos se enfocan más en ser bautizados en el Espíritu y en las acciones de los discípulos de Jesús. Lucas es realmente un Evangelio para todos, tanto judíos como gentiles. Como Lucas era un gentil que escribía para otros gentiles, este Evangelio debería usarse como herramienta evangelística con los gentiles. En mi opinión, posiblemente es el mejor, porque los gentiles lo entenderían muy bien.

Lucas incluye muchos testimonios importantes que no leemos en los otros Evangelios, y todos ellos se utilizan para enseñarnos algo nuevo. Los testimonios están entre las mejores cosas que podemos compartir con el mundo, porque producen hambre. Crean conexiones. Y también pueden aumentar la fe impulsándonos a creer que Dios puede obrar a nuestro favor de la misma forma que lo ha hecho para otras personas. Creo que el Evangelio de Lucas aumentará tu fe y te ayudará a ver cuán bueno es el Padre al que servimos.

DÍA 13

▶ Mientras Juan el Bautista estaba en el vientre de Elisabet, pareció reconocer un cambio en el ámbito espiritual, aunque tampoco Jesús había nacido todavía (Lucas 1:29-45). ¿Cómo afecta esta historia tu postura sobre el aborto?

▶ ¿Qué nos enseña esto acerca del discernimiento de los niños con respecto al ámbito espiritual? ¿Cómo debería influir esto en el modo en que criamos a nuestros hijos?

▶ ¿Qué crees que pasaba por la mente de José cuando María le dijo que estaba embarazada? ¿Cómo crees que cambió eso cuando las personas comenzaron a profetizar sobre el futuro del niño?

▶ Cuando Jesús preguntó: "¿Acaso no sabíais que me era necesario estar en la casa de mi Padre?" (Lucas 2:49), ¿a qué crees que se refería? Recuerda que todavía no había recibido al Espíritu Santo, y este relato ocurrió alrededor de dieciocho años antes de que comenzara su ministerio.

▶ Jesús leyó Isaías 61:1-2 delante de todos en la sinagoga (Lucas 4:16-21) y terminó diciendo: "Hoy se ha cumplido esta Escritura que habéis oído" (v. 21). ¿Por qué crees que leyó este texto específicamente? ¿Y por qué respondió la gente como lo hizo?

▶ Muchos de quienes Jesús escogió para ser sus discípulos seguramente eran adolescentes. ¿Qué le llevó a escoger adolescentes en lugar de adultos?

▶ ¿Cómo respondió Jesús cuando la gente se quejaba de que cenaba con pecadores (Lucas 5:31-32)?

▶ ¿Te resulta fácil o difícil seguir el hilo de las parábolas que contó Jesús? ¿Por qué crees que explicó las cosas de ese modo?

SEGUIMIENTO SEMANAL Y ORACIÓN

▶ ¿Qué es lo más importante que aprendiste esta semana?

▶ ¿Cómo puedes aplicar esa enseñanza a tu vida?

▶ Escribe una breve oración por la semana que tienes por delante.

▶ Un grupo de mujeres era uno de los mayores apoyos económicos de Jesús. ¿De qué maneras podemos servir mejor a las mujeres de nuestras comunidades?

▶ ¿Qué aprendiste de la parábola de la lámpara (Lucas 8:16-18)?

▶ ¿Cómo crees que respondieron los discípulos cuando Jesús les dio poder y autoridad para hacer milagros?

▶ ¿Crees que Jesús quiere usarte para hacer milagros hoy en día?

DÍA 16

▶ ¿A cuántas personas envió Jesús en Lucas 10? ¿Cómo se sentían cuando regresaron?

▶ Explica la enseñanza principal de la historia del buen samaritano (Lucas 10:30-37).

▶ ¿Cómo enseñó Jesús a sus discípulos a orar?

▶ ¿Cuál era el tema principal del discurso de Jesús en Lucas 12?

▶ ¿Qué mensaje les dijo Jesús a los fariseos que transmitieran a Herodes (Lucas 13:31-35)?

▶ ¿Es para todos el mensaje del evangelio? Pon un ejemplo que apoye tu postura.

▶ ¿Cuál es la conexión entre la oveja perdida, la moneda perdida y el hijo pródigo (Lucas 15)?

▶ ¿Qué aprendiste de la historia del hombre rico y Lázaro (Lucas 16:19-31)?

DÍA 18

LEE LUCAS 17-20

▶ ¿Por qué crees que solo uno de los leprosos regresó a Jesús aunque diez fueron sanados (Lucas 17:11-19)?

▶ ¿Con qué comparó Jesús su segunda venida (Lucas 17:22-37)?

▶ Nuestro versículo clave para este Evangelio dice: "Porque el Hijo del Hombre ha venido a buscar y a salvar lo que se había perdido" (Lucas 19:10). ¿Quiénes son los "perdidos" a los que se refería Jesús?

▶ ¿Hasta dónde comprendes la segunda venida de Jesús?

▶ ¿Por qué celebramos la comunión (Lucas 22:14-23)? ¿Qué representan el pan y el vino?

▶ Fíjate en las veces que Jesús dejó el grupo para orar a solas. ¿Cómo te anima eso en tu vida de oración?

▶ ¿Por qué crees que fue difícil para los seguidores de Jesús reconocerlo en el camino a Emaús (Lucas 24:13-35)?

▶ Tu testimonio es una de las mejores cosas que puedes compartir con el mundo. Escribe a continuación los puntos principales de tu testimonio.

Evangelio de Juan

AUTOR

El Evangelio de Juan fue escrito por el apóstol Juan. Él era el único discípulo que seguía vivo, y los tiempos estaban cambiando delante de sus ojos.

FECHA

Juan escribió su Evangelio en algún punto de la década de los años 80 d. C. antes que comenzara la persecución de Domiciano. Este fue su primer libro, aunque escribió otras cosas antes de morir, alrededor del 98 d. C.

AUDIENCIA

El Evangelio de Juan se escribió para varias iglesias alrededor de Asia Menor donde él tenía influencia. Juan era uno de los ancianos de la iglesia en Éfeso y era admirado por sus experiencias y su sabiduría.

MOTIVO

El Evangelio de Juan fue escrito para mostrar a la audiencia que Jesús era completamente Dios y completamente hombre. Lo más probable es que se utilizara para completar información que los otros Evangelios habían dejado fuera y analizar la vida de Cristo desde una perspectiva más teológica.

TEMA

Jesús vino a dar vida eterna porque es Dios.

VERSÍCULO CLAVE

"Yo he venido para que tengan vida, y para que la tengan en abundancia" (Juan 10:10).

RESUMEN

El Evangelio de Juan es único en un noventa por ciento con respecto a Mateo, Marcos y Lucas, que son los *Evangelios sinópticos*. Juan presenta a Jesús como el Hijo de Dios e incluye su genealogía al inicio del Evangelio.

Mientras que los otros Evangelios analizaron lo que Jesús dijo e hizo, Juan cuenta la historia desde el interior, enfocándose en cómo se sintió Jesús y en quién era como persona. Su objetivo era demostrar que Jesús era completamente humano y completamente divino al mismo tiempo. No había nada que Jesús pudiera hacer mientras estaba en la tierra que no requiriera la ayuda del Padre.

Juan tuvo décadas para desarrollar su versión del mensaje del evangelio porque vivió más tiempo que el resto de los discípulos, y escribió su Evangelio treinta años después que el resto. No quería que la gente perdiera el tiempo en averiguar quién era Jesús, así que lo contó todo.

Algo a tener en cuenta es que Juan, en todos sus libros, escribe textos con siete elementos. El siete es el número de la perfección divina y es un número muy importante para la fe judía. Las dos cosas más importantes en las que Juan se enfoca en su Evangelio son siete milagros principales y siete afirmaciones del tipo "Yo soy". Esas afirmaciones lo eran todo para Juan.

DÍA 20

▷ ¿Cómo muestra cada Evangelio la genealogía de Jesús?

Mateo:

Marcos:

Lucas:

Juan:

▷ ¿No es asombroso que el Creador del universo bajó a su creación para salvarla? Describe un tiempo en el que trabajaste especialmente duro para sacar adelante un proyecto y no salió como querías. ¿Cómo te hizo sentir eso? ¿Cómo crees que se sintió Dios?

▷ ¿Por qué crees que el primer milagro de Jesús fue transformar agua en vino?

▷ Juan 3:16 es seguramente el versículo más popular de toda la Biblia. ¿Por qué crees que Jesús eligió decirlo en la noche, y a un solo hombre, en lugar de predicarlo a todo el mundo desde la cima de un monte?

▶ ¿Por qué es Jesús igual al Padre (Juan 5:18-24)?

▶ ¿Puedes explicar la Trinidad?

▶ ¿A qué se refería Jesús cuando dijo: "Yo soy el pan de vida" (Juan 6:35)?

▶ ¿Qué quiso decir Jesús cuando declaró: "Si alguno tiene sed, que venga a mí y beba" (Juan 7:37)?

SEGUIMIENTO SEMANAL Y ORACIÓN

▶ ¿Qué es lo más importante que aprendiste esta semana?

▶ ¿Cómo puedes aplicar esa enseñanza a tu vida?

▶ Escribe una breve oración por la semana que tienes por delante.

▶ ¿Qué crees que escribió Jesús en el suelo delante de los fariseos y de la mujer adúltera (Juan 8:6)?

▶ ¿A quién te dice la sociedad que no les hables? ¿Qué puedes hacer para mostrarles su valía?

▶ Jesús dijo: "la verdad os hará libres" (Juan 8:32). En nuestra sociedad actual, ¿crees que esto es cierto?

▶ Escribe una oración para ser más consciente de tu necesidad de Jesús como Pastor.

▷ Juan se enfoca en su Evangelio en siete milagros principales. Enuméralos a continuación:

1. Juan 2:1-11

2. Juan 4:46-54

3. Juan 5:1-9

4. Juan 6:1-14

5. Juan 6:16-21

6. Juan 9:1-33

7. Juan 11:1-44

▷ ¿Qué te enseñan estos milagros acerca de Jesús?

▶ Juan comparte siete afirmaciones del tipo "Yo soy" de Jesús. Enuméralas a continuación: `

1. Juan 6:35

2. Juan 8:12

3. Juan 10:9

4. Juan 10:11

5. Juan11:25

6. Juan 14:6

7. Juan 15:5

▶ ¿Cuál es el papel del Espíritu Santo?

▶ Jesús habló muchas veces sobre la conexión entre el gozo y la fe. ¿Qué papel desempeña el gozo en tu fe diaria? ¿De dónde viene el gozo? ¿Cómo puedes aumentarlo?

▶ ¿Por qué crees que Judas traicionó a Jesús?

▶ ¿Qué significado tiene la corona de espinos?

▶ ¿Cómo les pasó Jesús el Espíritu Santo a sus discípulos (Juan 20:22)?

▶ ¿Por qué le hizo Jesús tres preguntas a Simón Pedro en Juan 21:15-17?

Hechos

AUTOR

Al igual que el Evangelio de Lucas, el libro de Hechos fue escrito por el doctor Lucas, un amigo de Pablo. Lucas demuestra que estuvieron juntos durante muchos de los viajes y experimentaron los mismos milagros.

FECHA

Este libro fue escrito probablemente casi a la vez que el Evangelio de Lucas, mientras Pablo estaba preso en Cesarea, cerca del 58-60 d. C. o en Roma, en el 60-62 d. C.

AUDIENCIA

Lucas se dirige a Teófilo, como hizo en su Evangelio.

Teniendo en cuenta que Lucas termina el libro con Pablo todavía esperando su juicio, parece que la evidencia de que se usara como documento en el juicio va en aumento. Como mencionamos antes, Teófilo pudo haber sido un juez romano en ese momento.

MOTIVO

Es posible que el libro de Hechos se utilizara como documento legal que sirviera de testimonio a favor de Pablo. Gracias a Dios que hoy en día lo seguimos teniendo, porque este libro es un muy buen relato histórico de la iglesia primitiva.

TEMA

El mensaje del evangelio es para todos, en todo lugar.

VERSÍCULO CLAVE

"pero recibiréis poder cuando el Espíritu Santo venga sobre vosotros; y me seréis testigos en Jerusalén, en toda Judea y Samaria, y hasta los confines de la tierra" (Hechos 1:8).

El libro de los Hechos es un relato histórico que describe los primeros treinta años de la iglesia primitiva y, en muchos casos, se puede usar como modelo para el desarrollo del trabajo misionero en todo el mundo hoy en día.

Comienza con Jesús prometiéndoles a los discípulos que pronto recibirían el poder del Espíritu Santo y acabarían predicando en Jerusalén, Judea, Samaria, y hasta lo último de la tierra.

Cada uno de esos lugares representa otro anillo más fuera de su esfera de influencia actual. Ellos estaban en Jerusalén, y justo a las afueras estaban Judea y Samaria. Las afueras de Judea y Samaria eran ya el resto del mundo. Se puede usar como un estupendo plan de evangelismo hoy en día sin importar dónde te encuentres ubicado. Tienes a tu vecino, luego tu ciudad, y luego el resto del mundo.

Después de dar instrucciones a los discípulos relativas al Espíritu Santo, diciéndoles que Él vendría y los llenaría de poder, vemos que Jesús ascendió al cielo y les dejó con una esperanza a la cual aferrarse.

Los seguidores de Jesús fueron llenos del Espíritu Santo, y la iglesia por fin pudo comenzar a levantarse basándose en lo que habían aprendido a través del ministerio de Jesús. Era momento de actuar. No nos equivocamos si decimos que enfrentaron bastante resistencia desde el principio. Ese parece ser el caso siempre que el Espíritu Santo se mueve de manera poderosa, incluso en la actualidad.

DÍA 26

▶ ¿Cuál es la declaración de misión de tu iglesia en cuanto a las misiones?

▶ ¿Has sido lleno del Espíritu Santo?

▶ ¿Has experimentado el poder del Espíritu Santo moviéndose a tu alrededor? Si es así, ¿qué ocurrió?

▶ ¿Por qué crees que arrestaron a Pedro y a Juan?

▶ ¿Qué piensas de lo que pasó con Ananías y Safira (Hechos 5:1-11)?

▶ ¿Qué piensas de utilizar las señales y los prodigios con un fin evangelístico?

▶ ¿Por qué crees que la gente estaba tan molesta con la difusión del evangelio a nuevas partes del mundo?

▶ ¿Qué aprendiste de la defensa de Esteban en Hechos 7?

DÍA 28

▶ ¿Por qué era tan importante el pasaje de la Escritura que estaba leyendo el eunuco etíope (Hechos 8:26-40)? ¿Y por qué él estaba confundido?

▶ ¿Qué crees que pasaba por la mente de Ananías cuando el Señor le dijo que sanara a Saulo, el hombre que perseguía a los creyentes en Jerusalén?

▶ Saulo volvió a su ciudad natal durante casi una década para predicar y prepararse antes de comenzar sus viajes misioneros. ¿Y nosotros? ¿Han visto nuestras ciudades natales el fuego en nuestro interior? Es necesario que ellas vean nuestras vidas cambiadas antes de que el mundo las vea. ¿Cómo puedes usar el ejemplo de Saulo en cuanto al trabajo misionero en tu ciudad natal en lugar de ir a algunos viajes misioneros cortos de vez en cuando?

▶ ¿Cuál era el propósito de la visión de Cornelio en Hechos 10?

SEGUIMIENTO SEMANAL Y ORACIÓN

▶ ¿Qué es lo más importante que aprendiste esta semana?

▶ ¿Cómo puedes aplicar esa enseñanza a tu vida?

▶ Escribe una breve oración por la semana que tienes por delante.

DÍA 29

▶ ¿Qué piensas de la muerte de Herodes (Hechos 12:20-23)?

▶ ¿Crees que Saulo enfrentó algún temor sobre lo que otros pensaran de él durante su primer viaje misionero? Si así fuera, ¿cómo crees que superó ese miedo?

▶ ¿Por qué Saulo pasó a llamarse Pablo?

▶ ¿Por qué crees que Dios usó a Pablo, que era judío, para evangelizar a los gentiles?

▶ ¿Cuál fue el motivo del Concilio de Jerusalén en Hechos 15? ¿Cuál fue el consenso final? ¿Qué significa eso para nosotros?

▶ A Pablo no se le permitió ir a Bitinia en Hechos 16. ¿Alguna vez el Espíritu Santo te ha impedido ir a algún lugar? Si es así, ¿qué ocurrió?

▶ ¿Hubo algo diferente entre el primero, el segundo y el tercer viaje misionero de Pablo?

▶ ¿Alguna vez has recibido mentoría o discipulado? ¿Estás discipulando a alguien actualmente? ¿Cómo puedes usar esta historia como ejemplo para evangelizar?

DÍA 31

LEE HECHOS 19-23

▸ ¿Qué estaba ocurriendo en Éfeso (Hechos 19:23-41)?

▸ ¿En qué crees que el trabajo misionero en ese tiempo era diferente al de ahora?

▸ ¿Por qué arrestaron a Pablo en el templo (Hechos 21:27-36)?

▸ ¿Por qué se llevaron a Pablo a Cesarea (Hechos 23:12-22)?

▶ ¿Piensas que el rey Agripa creía que Pablo era inocente?

▶ ¿Qué ocurrió en el camino a Roma (Hechos 27:14-44)?

▶ ¿Qué le ocurrió a Pablo cuando estaba encendiendo un fuego en Malta (Hechos 28)? ¿Quién creían los nativos de Malta que era?

▶ Pablo enfrentó una dificultad tras otra al extender el mensaje del evangelio. ¿Te has encontrado tú con alguna dificultad?

INVESTIGA MÁS:
Viajes misioneros de Pablo

Tu tarea hoy es llenar los mapas en blanco de las páginas siguientes con la ruta de cada uno de los tres viajes misioneros de Pablo. —>

PRIMER VIAJE MISIONERO DE PABLO

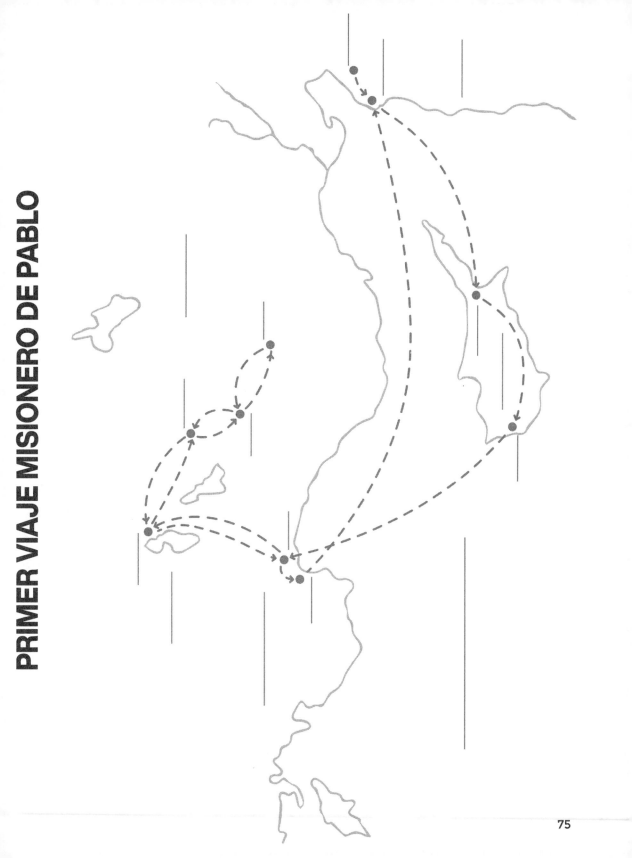

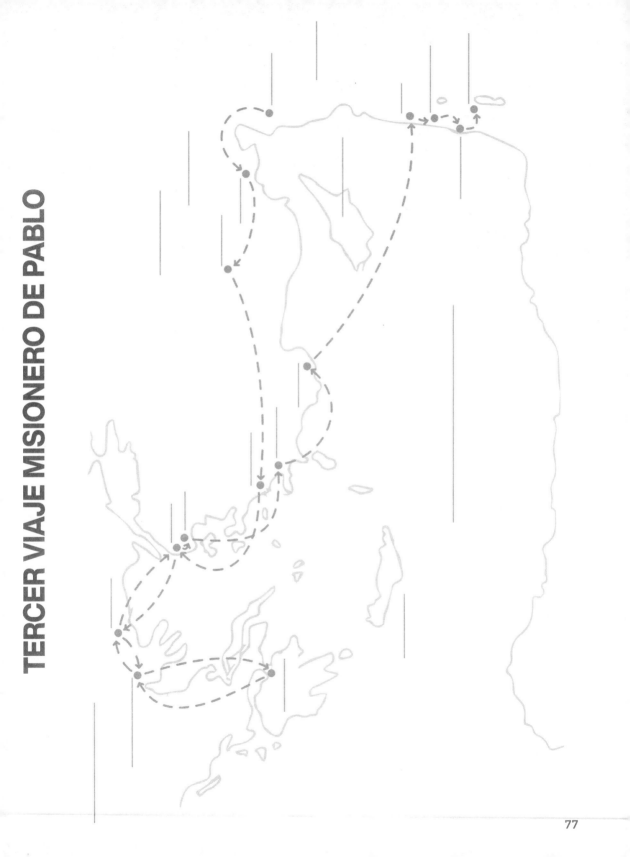

Romanos

AUTOR

El libro de Romanos fue escrito por el apóstol Pablo.

FECHA

Romanos se escribió en el tercer viaje misionero de Pablo, alrededor del 55 o 56 d. C.

AUDIENCIA

Pablo escribía a una iglesia en Roma que no había visitado antes y de la cual tampoco conocía a los líderes personalmente. Podemos llegar a esa conclusión después de leer el último capítulo que escribe para cerrar el libro y demostrar que conocía a las mismas personas que ellos. Eso le haría más creíble ante sus ojos. En ese momento había muchísima tensión en la iglesia romana entre judíos y gentiles, ya que ambos decían que ellos decidían cómo se harían las cosas. Eso sí que es un caos.

MOTIVO

Romanos se escribió para ayudar a resolver la tensión entre los judíos y los gentiles en Roma y demostrar que ambos grupos eran iguales ante los ojos de Dios. También se escribió para explicar el evangelio como un todo, y ser usada para avanzar la obra del ministerio.

TEMA

El cristianismo básico y la relación entre judíos y gentiles.

VERSÍCULOS CLAVE

"Porque no me avergüenzo del evangelio, pues es el poder de Dios para la salvación de todo el que cree; del judío primeramente y también del griego. Porque en el evangelio la justicia de Dios se revela por fe y para fe; como está escrito: Mas el justo por la fe vivirá" (Romanos 1:16-17).

Romanos es un libro muy denso. No necesariamente por el número de palabras, sino por el contenido. Es tan profundo que tardaríamos meses en analizarlo completamente.

En resumen, Romanos es el evangelio. Es un libro sobre gracia y redención. Ese es el plan de Dios para la humanidad. Por lo tanto, es extremadamente importante que te tomes el tiempo de entender bien este libro.

Pablo era uno de los judíos más influyentes de la época, y mantenía una mentalidad judía incluso cuando se dirigía a los gentiles. Por lo tanto, veía su fe a través de la lente de una relación de pacto, porque sobre eso se basa el Antiguo Testamento. También debemos entender los pactos para saber de qué hablaba Pablo. Así que, antes que nada, ¿cómo se hacía un pacto?

Pues bien, hacer un pacto era algo muy serio. Comenzaba con un sacrificio. Las dos personas que iban a entrar en una relación de pacto buscaban un animal puro para sacrificarlo durante la ceremonia del pacto. Una vez que el animal había sido seleccionado, los dos lo cortaban por la mitad siguiendo la línea de la columna vertebral, separándolo en dos mitades. Recuerda que no tenían sierras eléctricas como tenemos nosotros ahora, así que en este punto ambos estaban cubiertos de sangre, sudor, y tal vez incluso de algunas lágrimas. Estaban completamente agotados.

El siguiente paso era el juramento. Ponían ambas mitades del animal una enfrente de la otra para representar a las dos partes involucradas. Cada uno tenía un grupo de testigos a su lado. Después caminaban entre las mitades haciendo la figura de un ocho con los pasos, repitiendo los términos del pacto mientras lo hacían. Cuando los términos se habían recitado varias veces, tomaban una piedra y hacían un corte profundo en su mano derecha para después darse la mano. La sangre representa la vida (ver Levítico 17:14), por lo que la sangre de las personas que realizaban el pacto simbolizaba que sus vidas también se unían. Se convertían en UNO SOLO.

Después se ponían tierra en la herida para crear una cicatriz visible que sirviera de recordatorio del pacto. Cuando se habían concluido todos los rituales, los testigos de ambas partes hacían una gran fiesta juntos. Todos los que asistían se hacían responsables de que las partes involucradas cumplieran el pacto.

Como dije, hacer un pacto era algo muy serio. Significaba que morías a ti mismo y no podías echarte atrás. Todo lo que hacías a partir de ese momento giraba en torno a los términos del pacto.

Cuando Dios hizo un pacto con Abram en Génesis 15, hizo que este se durmiera durante el proceso y pasó entre las mitades del animal Él mismo, en medio de un despliegue de fuego y humo. La razón por la que Abram no podía hacer esa tarea era que todavía era pecador, y Dios necesitaba que alguien sin pecado se uniera a Él. Por lo tanto, básicamente Dios pagó el precio para demostrar que el pacto era incondicional y eterno. Dos mil años después vemos que Jesús era Aquel que no tenía pecado. A través de Él podemos entrar en ese pacto cuando somos limpiados por su sangre. Cuando nos acercamos a Jesús, estamos diciendo que queremos unirnos a su lado del pacto. Queremos ser parte de esos testigos del pacto ahora que ya ha sido hecho. Él nos representa, y eso es lo que nos permite ser incluidos en todo esto. ¡Es increíble!

Aunque hacemos diferencia entre el Antiguo Testamento y el Nuevo Testamento, la Biblia como un todo es un gran pacto que se está cumpliendo. Desde el momento en el que creemos en Cristo, Dios ve a Jesús cuando nos mira a cada uno de nosotros. Esa es nuestra nueva identidad. Somos sus representantes aquí y ahora, esparcidos por la tierra. Este es el pacto del que somos parte. Toda la iglesia es parte del mismo pacto, unida. A lo largo de las enseñanzas de Pablo vemos que su objetivo principal, aparte de predicar el evangelio, era unir a la iglesia. Cada grupo tenía opiniones diferentes, pero todos eran necesarios para que la iglesia funcionara adecuadamente, igual que hoy. Muchas veces nos enfocamos en cuál es la opinión correcta, cuando la realidad es que Jesús regresa por su novia (en singular). No su novia independiente, pentecostal o luterana. Él regresa a buscar a su ÚNICA e impecable novia. Estamos todos juntos en esto.

Jesús volverá a buscarnos, a la iglesia, y ama a su novia por encima de todo. Por eso, mientras un grupo de personas está siendo usado por Dios para hacer milagros y hablar en lenguas, otro grupo pasa tiempo buscando respuestas en la Escritura acerca de la teología los últimos tiempos, y debemos amar a ambos. Espíritu y Escritura. Los dos son necesarios. Como dije antes y como ahora ya sabes, Romanos es un libro *muy denso*. Tiene tanta información importante que tenemos que invertir tiempo para leerlo despacio. Mi oración es que apartes tiempo para seguir estudiando este libro más adelante y que Dios te revele tu nueva identidad.

▶ Define la palabra *evangelio*.

▶ Nuestros versículos clave incluyen Romanos 1:16, que dice: "Porque no me avergüenzo del evangelio, pues es el poder de Dios para la salvación de todo el que cree; del judío primeramente y también del griego". ¿Alguna vez te has avergonzado de tu fe o te la has callado? Si es así, ¿a qué crees que se debe?

▶ ¿Qué es la justificación?

▶ ¿Por qué Dios le dio la ley a Moisés (Romanos 5:20-21)?

DÍA 34

▸ Romanos 6:12 (NVI) dice: "no permitan ustedes que el pecado reine". Suena muy bien, pero ¿sabes cómo podemos obedecer ese mandamiento?

▸ ¿Qué significa ser un santo? ¿Cómo te hace sentir el hecho de saber que Dios ahora te ve como un santo?

▸ ¿Qué es la santificación?

▸ ¿Qué significa ser glorificado?

▶ ¿Cuál es el plan de Dios para Israel?

▶ ¿Qué declaración sobre tu identidad como hijo de Dios has aceptado que en realidad es una mentira de Satanás?

▶ ¿Cuáles son algunas maneras de traer el reino de Dios a la tierra hoy en día?

▶ ¿Crees que la iglesia romana aceptó esta carta de Pablo como verdad? ¿Cómo crees que respondieron?

PODER

AMOR

SANO JUICIO

SEGUIMIENTO SEMANAL Y ORACIÓN

▶ ¿Qué es lo más importante que aprendiste esta semana?

▶ ¿Cómo puedes aplicar esa enseñanza a tu vida?

▶ Escribe una breve oración por la semana que tienes por delante.

1 Corintios

AUTOR

Pablo fue el autor de las dos cartas a los Corintios.

FECHA

Primera de Corintios se escribió entre el 55 y 56 d. C. mientras Pablo estaba en Éfeso. Segunda de Corintios se escribió menos de un año después desde Filipo.

AUDIENCIA

Primera y Segunda de Corintios se escribieron para la iglesia en Corinto y después se compartieron con otras iglesias de la zona. Corinto era, en su tiempo, la gran ciudad de la fiesta. Podríamos compararla con Las Vegas en la actualidad; era un lugar de placer y gratificación. El enfoque de los corintios era la auto-satisfacción. No era fácil lidiar con ellos, pero Pablo era el hombre perfecto para la tarea.

MOTIVO

Pablo escribía para ayudar con problemas de la iglesia basándose en los reportes del círculo cercano de su amiga Cloe y una carta que le envió un grupo de corintios.

TEMA

El amor es la clave de todo.

VERSÍCULO CLAVE

"Hagan todo con amor"
(1 Corintios 16:14 NVI).

RESUMEN

Por la información que podemos recoger de estas dos cartas (1 y 2 Corintios), vemos que Pablo realmente había escrito cuatro cartas a la iglesia en Corinto; dos de ellas las tenemos y las otras dos se han perdido.

El primer problema que trató Pablo fue la división en la iglesia. La gente no estaba de acuerdo con quién les caía mejor, qué líder preferían, quién los bautizaba, etc. Esas divisiones son muy parecidas a las que vemos en la iglesia actualmente. En muchos países parece haber una denominación diferente en cada esquina, y siguen surgiendo otras nuevas. La mayoría de las veces es por las diferencias teológicas y nuevas maneras de interpretar los textos.

Una cosa a tener en cuenta es que los corintios estaban bajo la influencia de la mentalidad griega con respecto al papel de sus cuerpos. Pensaban que la espiritualidad era una cosa y el cuerpo era otra, siendo una buena y el otro malo. Los dos nunca se cruzaban. Muchos creyentes hoy en día tienen la misma mentalidad griega con respecto a los dones espirituales que involucran un acto externo. Queremos adorar internamente, pero cuando se trata de las manifestaciones del Espíritu, muchos pierden los papeles.

Por lo tanto, desglosándolo un poco para que sea más fácil de entender, hay cuatro puntos de vista hoy en día en cuanto a los dones espirituales.

CESACIONISTAS

Los dones espirituales fueron solo para la iglesia primitiva y no son importantes hoy.

CONTINUISTAS

Los dones espirituales son para hoy, pero los dones que implican "señales" deben ser analizados y probados con cautela.

CARISMÁTICOS

Los dones espirituales son para todas las generaciones y deberían ser puestos en práctica hoy en día. Este punto de vista está limitado por la Escritura y no añade nada a la Palabra.

HIPERCARISMÁTICOS

Los dones espirituales son para todas las generaciones, y las revelaciones contemporáneas están al mismo nivel que la Escritura.

En la Biblia, los pasajes principales que nos enseñan acerca de los dones espirituales son 1 Corintios 12-14, Romanos 12 y Efesios 4. Algunas personas analizan estas listas y limitan los dones a los que aparecen en ellas. Sin embargo, como no tenemos una lista completa, no está muy claro cuáles son todos los dones. Esto, en consecuencia, crea muchos desacuerdos dentro de la iglesia. Negar por completo la existencia de los dones espirituales es un gran error, y escoger uno y pensar que es mejor que los demás, también.

Los dones espirituales que se enumeran en esos tres pasajes principales son:

Romanos 12: profecía, servicio, enseñanza, exhortación, dar, liderazgo y misericordia.

Efesios 4: apostolado, profecía, evangelismo, pastorado y enseñanza.

1 Corintios 12: palabra de sabiduría, palabra de conocimiento, fe, sanidad, milagros, profecía, discernimiento, lenguas e interpretación de lenguas.

Hemos incluido una sección extra (después del día 38) para que puedas aprender más acerca de tu don o dones espirituales, y ver que Dios te ha hecho único dentro del cuerpo de Cristo.

DÍA 36

LEE 1 CORINTIOS 1-5

▶ ¿Dirías que perteneces a alguna denominación? Si es así, ¿cuál?

▶ ¿Por qué crees que hay tanta división en la iglesia hoy en día?

▶ ¿Alguna vez te has rendido con alguien para ver si así aprende por sí mismo? En ese caso, ¿regresó a la verdad esa persona? ¿Cómo describe Pablo en 1 Corintios 5 a una persona inmoral?

▸ ¿Qué enseñó Pablo sobre el matrimonio en 1 Corintios 7?

▸ Pablo habla acerca de comer cosas sacrificadas a los ídolos en 1 Corintios 8. ¿Se te ocurre algún ejemplo moderno al que se pudiera aplicar esta enseñanza? ¿A qué crees que se refería Pablo cuando dijo: "Sed imitadores de mí, así como yo de Cristo" (1 Corintios 11:1)?

DÍA 38

LEE 1 CORINTIOS 12-16

▶ ¿Con qué punto de vista acerca de los dones espirituales analizados en el resumen te identificas? ¿Por qué?

▶ ¿Qué don o dones espirituales crees que te ha dado Dios? (Lee la siguiente sección para obtener más información).

▶ ¿Has escuchado a alguien recitar el famoso pasaje sobre el amor de 1 Corintios 13? Si es así, ¿dónde y cuándo?

▶ ¿De qué maneras puedes mostrar amor a quienes tienes a tu alrededor a través de tus dones?

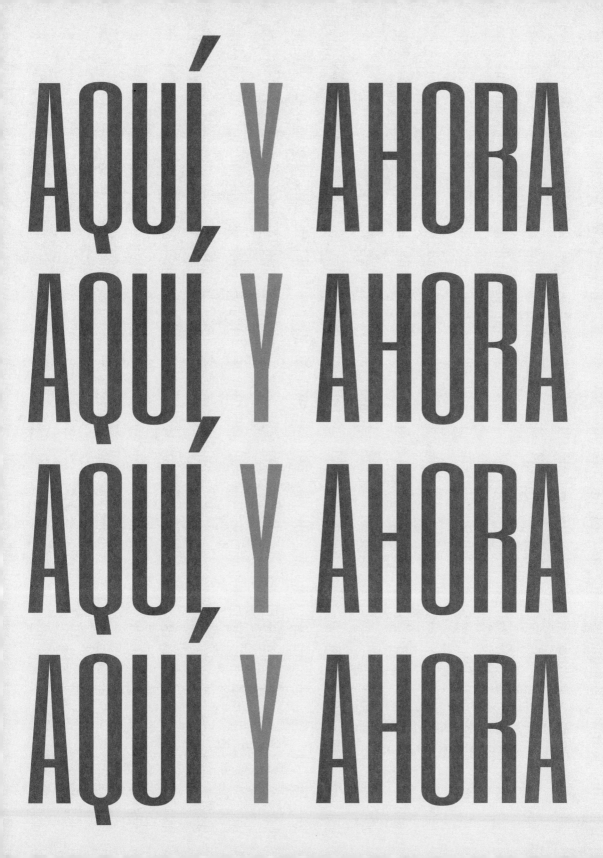

INVESTIGA MÁS:
Entendiendo los dones espirituales

Los dones espirituales no deben confundirse con el talento natural. Otras anotaciones importantes:

+ Todos los cristianos tienen al menos un don espiritual.

+ Ningún cristiano tiene todos los dones espirituales.

+ Se puede abusar de los dones espirituales.

+ El Espíritu Santo decide qué dones recibe cada uno de nosotros.

+ No podemos cumplir la voluntad de Dios si el amor no es la motivación principal detrás de los dones.

PROFECÍA

La profecía es la capacidad de declarar la verdad con respecto al destino de un individuo y revelar eventos futuros a la iglesia para llamar al arrepentimiento o edificarla. Las personas con este don pueden saber fácilmente lo que los demás están pensando o sintiendo y "simplemente saber" las cosas antes de que ocurran.

ENSEÑANZA

La enseñanza es la capacidad para aplicar la Escritura de una manera fácil de entender. A las personas que tienen este don les encanta estudiar y se enfocan en la aplicación de la doctrina.

DAR

Dar es la habilidad de ganar dinero para suplir las necesidades de los demás con una actitud alegre. Las personas que tienen este don son buenas para hacer dinero y les gusta dar discretamente.

MISERICORDIA

La misericordia es el deseo de cuidar a aquellos que están atravesando momentos difíciles sin esperar nada a cambio. Las personas que tienen este don disfrutan sirviendo a las personas individualmente y tienen la capacidad natural de compadecerse de ellas.

SERVICIO

El servicio es la capacidad de suplir necesidades físicas dentro del cuerpo de Cristo y darle un significado espiritual. A las personas que tienen este don les gusta trabajar con discreción y disfrutan ayudando a otros.

EXHORTACIÓN

La exhortación es la habilidad para motivar a otros en el camino de la fe. Las personas que tienen este don son buenos consejeros y pueden aplicar la Escritura en lo personal.

LIDERAZGO

El liderazgo es la capacidad para dirigir a otros para cumplir una tarea ministerial específica y dada por Dios. Las personas que tienen este don pueden compartir una visión con claridad, y los demás les siguen con gusto.

APOSTOLADO

Los apóstoles son aquellos que tienen el deseo de ser enviados para comenzar iglesias y ministerios en la comunidad local y alrededor del mundo. Las personas con este don se sienten cómodas en otras culturas y son capaces de ejecutar una visión específica.

EVANGELISMO

Los evangelistas son aquellos que pueden compartir fácilmente el evangelio con quienes no creen y guiarlos a una relación personal con Jesucristo. Las personas con este don tienen mucho don de gentes y se les da bien convencer acerca de la verdad.

SABIDURÍA

La sabiduría es la capacidad de analizar una situación y aconsejar la mejor estrategia de acción basándose en los datos. Las personas que tienen este don pueden ver varios resultados posibles y discernir qué es lo que se debe hacer.

FE

La fe es la capacidad de tener la creencia segura de que Dios hará lo imposible a pesar de la realidad. Las personas que tienen este don confían completamente en Dios y actúan con confianza.

MILAGROS

Aquellos que tienen el don de milagros tienen la capacidad de ser utilizados como instrumentos de Dios para revelar su poder a través de actos sobrenaturales que alteran el ámbito natural. Los milagros se utilizan habitualmente para autentificar el mensaje del evangelio. Las personas que tienen este don dice la verdad con confianza y la autentican.

LENGUAS

Hay tres tipos de lenguas. Uno es el lenguaje privado de oración (1 Corintios 14:14-15). Otro es la capacidad de proclamar un mensaje divino en otro idioma para que el cuerpo de Cristo reciba aliento. El tercero es un idioma terrenal que se recibe como un regalo para ser usado en el trabajo misionero.

PASTORADO

Los pastores son aquellos que guían, aconsejan, protegen y discipulan a un grupo de creyentes. Muchas veces, este don va acompañado del don de enseñanza. Las personas que tienen este don son buenos líderes y tienen un corazón para el discipulado.

CONOCIMIENTO

El conocimiento es la capacidad de entender la Palabra y hacer que sea relevante para la iglesia o para situaciones concretas. Este don incluye las palabras sobrenaturales de conocimiento que deben utilizarse para servir a otros. Las personas que tienen este don pueden encontrar verdades en la Biblia, y suelen tener percepciones poco usuales sobre situaciones o las vidas de las personas.

SANIDAD

La sanidad es la capacidad de ser usado por Dios como instrumento para curar enfermedades y restaurar la salud. Las personas que tienen este don pueden demostrar el poder de Dios a través de la oración, la imposición de manos o una palabra declarada.

DISCERNIMIENTO (DISTINGUIR ESPÍRITUS)

El discernimiento es la capacidad de percibir lo que es de Dios reconociendo espíritus buenos y espíritus malos. Las personas que tienen este don pueden distinguir fácilmente lo que viene de Dios y lo que es falso.

INTERPRETACIÓN DE LENGUAS

La interpretación de lenguas es la capacidad de traducir un idioma desconocido para el oyente, ya sea terrenal o divino.

▶ Describe un momento en el que sientes que Dios te usó, independientemente de si sabías que era en referencia a tu don espiritual o no.

▶ ¿Cuál es el propósito de los dones espirituales (1 Pedro 4:10-11)?

▶ ¿Se te ocurre alguna forma de ejercitar tu don o dones para hacerlos crecer?

2 Corintios

AUTOR

Pablo fue el autor de las dos cartas a los Corintios.

FECHA

Primera de Corintios se escribió entre el 55 y 56 d. C. mientras Pablo estaba en Éfeso. Segunda de Corintios se escribió menos de un año después desde Filipo.

AUDIENCIA

Primera y Segunda de Corintios se escribieron para la iglesia en Corinto y después se compartieron con otras iglesias de la zona. Corinto era, en su tiempo, la gran ciudad de la fiesta. Podríamos compararla con Las Vegas hoy en día; era un lugar de placer y gratificación. El enfoque de los corintios era la autosatisfacción.

No era fácil lidiar con ellos, pero Pablo era el hombre perfecto para la tarea.

MOTIVO

Pablo escribió Segunda de Corintios para defenderse en respuesta a un grupo de apóstoles que cuestionaban su autoridad y ministerio. Quería animar a la iglesia con respecto a la ofrenda para Jerusalén y recordarles la victoria que tenían en Cristo.

TEMA

La victoria en Cristo.

VERSÍCULO CLAVE

"Pero gracias a Dios, que en Cristo siempre nos lleva en triunfo, y que por medio de nosotros manifiesta en todo lugar la fragancia de su conocimiento" (2 Corintios 2:14).

Mientras que la primera carta a los Corintios trataba con asuntos prácticos dentro de la iglesia, la segunda carta lidia con insultos personales que habían forzado a Pablo a defenderse. Sabemos que cuando Pablo se fue de Corinto, llegó un grupo de apóstoles que intentaron tomar el control hablando maravillas de sí mismos y despreciando a Pablo. No sabemos quiénes eran exactamente, pero el contexto sugiere que eran judíos.

Algunos de los ataques hacia su carácter decían que no era lo suficientemente valiente, que no le importaban los corintios porque estaba en otra ciudad, que no era buen orador y que ni siquiera estaba calificado para enseñarles. El grupo de apóstoles antagonistas sabía que si atacaban con éxito a Pablo, su mensaje también sería desechado. Pablo hace un trabajo excelente al desenvolverse en esa locura de situación. Comienza la carta de manera sincera y los anima en su caminar.

Sin embargo, alrededor del capítulo 9 se desespera un poco y comienza a atacarlos por ir en contra de sus enseñanzas. A veces es necesario un poquito de intensidad. En medio de su ánimo y defensa, Pablo incluye una gran sección que habla sobre recolectar dinero para darlo a los pobres en Jerusalén. Es un desvío temporal del tema principal que vale la pena mencionar. Sabemos, por su pasado, que Pablo tenía un gran corazón por los pobres, así que tiene sentido que haga esta petición, pero es cierto que parece salir un poco de la nada. Sin embargo, los corintios conocían la importancia del amor ya que Pablo le había dedicado un capítulo entero a este tema en su carta anterior.

Estos apóstoles que ahora estaban en Corinto no enseñaban acerca del amor; estaban atacando a Pablo y enfocándose en lo negativo. Pablo sabía que si se enfocaba en amar a los demás por medio de donaciones a los pobres, ellos se volverían a la verdad. Y su estrategia funcionó, porque sabemos que la tercera visita de Pablo a Corinto estuvo plagada de alegría. Segunda de Corintios anima a los creyentes a abrazar la vida transformada que valora la generosidad y la humildad.

DÍA 39

▶ ¿Por qué crees que este grupo de apóstoles atacó a Pablo?

▶ Piensa en un momento cuando alguien atacó tu carácter. ¿Cómo lo manejaste?

▶ ¿Actuarías diferente después de haber crecido en tu relación con Jesús?

▶ ¿Te has propuesto servir a aquellos que están en desventaja en tu comunidad?

▶ ¿Cuáles son algunas maneras en las que puedes servir mejor a los menos privilegiados?

▶ ¿Diezmas en tu iglesia local? ¿Por qué sí o por qué no?

▶ ¿Cómo puedes crecer en generosidad y humildad?

NO HAY OTRO NOMBRE

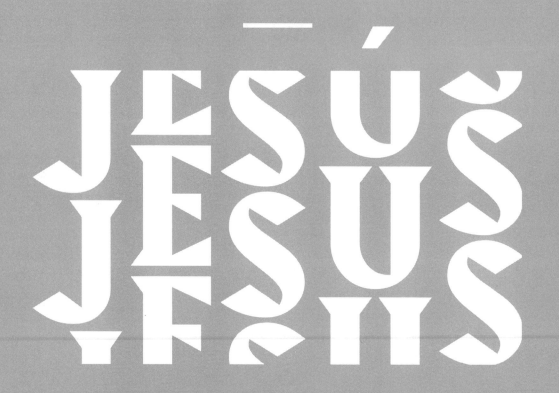

▶ ¿Qué características de las que tenía Pablo te gustaría más desarrollar?

▶ ¿Alguna vez has tenido que defender tu fe?

▶ ¿Qué crees que era el "aguijón en la carne" de Pablo?

▶ ¿De qué maneras puedes probarte a ti mismo para ver cómo estás creciendo en la fe (2 Corintios 13)?

Gálatas

AUTOR

La carta a los Gálatas la escribió Pablo. Es la persona perfecta para escribir acerca del tema de la libertad de la Ley por su pasado como judío y fariseo devoto. Él conocía mejor que nadie la libertad en Cristo.

FECHA

Hay mucho debate en torno a la fecha en la que se escribió Gálatas. Algunas personas creen que se escribió pronto, siendo el primer libro del Nuevo Testamento en escribirse, alrededor del 48 d. C., mientras otros dicen que se escribió cerca del 55 d. C.

Si Pablo escribía desde Éfeso al norte de Galacia, la segunda fecha tendría más sentido. Por el contrario, si Pablo escribía al sur de Galacia desde Antioquía, la primera fecha, antes del Concilio de Jerusalén, encajaría mejor.

AUDIENCIA

Ya sea que creas que Gálatas se escribió para el norte o para el sur, podemos estar de acuerdo en que se escribió para las iglesias de Galacia.

MOTIVO

Pablo estaba enseñando a los Gálatas a ser libres de la Ley porque había judaizantes y falsos maestros que les decían lo contrario.

TEMA

La libertad mediante Cristo solamente.

VERSÍCULO CLAVE

"Para libertad fue que Cristo nos hizo libres. Por tanto, permanezcan firmes, y no se sometan otra vez al yugo de esclavitud" (Gálatas 5:1).

El libro de Gálatas es mucho más negativo comparado con la mayoría de las cartas de Pablo por lo importante que es para él ser libre de la Ley. En este tema no acepta bromas. La libertad lo es todo. Los judíos se estaban ahogando a sí mismos con la Ley; no había modo de cumplirla a la perfección, pero ellos seguían haciendo su mejor esfuerzo por ganarse la aprobación de Dios.

El ritual más importante para un hombre judío era circuncidarse. ¡Era un mandamiento de Dios! En la cultura judía era obligatorio entonces y sigue siéndolo ahora. Pablo les está mostrando que ya no tienen que circuncidarse para ser salvos porque la sangre de Jesús fue el cumplimiento del pacto de la circuncisión. El enfoque principal de Pablo es demostrar al pueblo judío que realmente no hay nada que puedan hacer físicamente para ser salvos. Todo es por gracia.

Sin embargo, ellos no lo entendían porque toda su vida tenían grabada la idea de tener que ganarse la salvación. Por lo tanto, el asunto principal era si la salvación se recibe por las obras o por la fe. Pablo dice que es solo por la fe. Un amor así era incomprensible para los judíos. Francamente, sigue siendo incomprensible para la mayoría de los creyentes ahora, y muchos creen que quienes van al cielo es porque han sido buenas personas. En mi opinión, ese tema es un poco delicado, porque entonces tendríamos que preguntar: ¿cuán bueno hay que ser para ir al cielo? ¿Cómo se mide eso? Nunca podremos ser lo suficientemente buenos.

El evangelio es verdaderamente escandaloso. El amor de Dios no tiene sentido para la gente normal, pero una vez que entendemos que ese regalo se entrega por gracia, es más fácil aceptarlo. Gálatas 2:20 dice: "Con Cristo he sido crucificado, y ya no soy yo el que vive, sino que Cristo vive en mí; y la vida que ahora vivo en la carne, la vivo por la fe en el Hijo de Dios, el cual me amó y se entregó a sí mismo por mí".

He aprendido que a las personas les encantan los planes simples. Quieren seguir una lista de cosas que hacer para asegurarse de recibir su recompensa, y muchas iglesias hoy en día tienen esa misma mentalidad. Quieren saber qué pueden y qué no pueden hacer para llegar al cielo algún día. ¿Sabes qué? No se trata de algún día ir al cielo. Cuando te conviertes en una nueva criatura, el enfoque de tu vida debería cambiar para traer el cielo aquí y ahora. Pero por alguna razón, muchas denominaciones luchan con esa comprensión y en lugar de eso, ofrecen al creyente lo que desean: un plan simple.

Seguir normas para entrar al cielo es un buen plan de negocio; lo único es que está muy alejado de la verdad porque pone una relación personal con Jesús en un segundo plano o la olvida completamente. En lugar de preocuparnos tanto por lo que debemos y no debemos hacer, creo que tenemos que redirigir nuestra atención a nuestra identidad en Cristo y lo que Dios dice que somos. Gálatas 4:6-7 dice: "Y porque sois hijos, Dios ha enviado el Espíritu de su Hijo a nuestros corazones, clamando: ¡Abba! ¡Padre! [7] Por tanto, ya no eres siervo, sino hijo; y si hijo, también heredero por medio de Dios".

Gracias a lo que hizo Jesús eres heredero del trono y has recibido la misma herencia que recibió Jesús. ¡Eso es INCREÍBLE! Significa que Dios te bendice a TI del mismo modo que bendijo a su Hijo JESÚS. Nos da salvación, provee para nuestras necesidades, nos ayuda a entender el corazón del Padre, nos llena de gozo, nos da dones, podemos comunicarnos con Dios, Él responde a nuestras oraciones, etc. El precio de nuestra herencia ya fue pagado, así que Dios está literalmente esperando a que la aceptes. A Él le llena de gozo bendecirte. Por lo tanto, ¡disfrútalo!

Algunas personas se estarán preguntando qué significa aceptar la bendición del Padre. Es tan sencillo como pedírsela y aceptar tu nueva identidad. Eres de la realeza. Eres hijo o hija del Dios viviente. LEGALMENTE. No hay condiciones. Así que comienza a verte así. Tal vez necesitas decírtelo a ti mismo todos los días mientras te miras al espejo hasta que te lo creas. En serio, HAZLO. Tu Padre te ama y quiere bendecirte. Una nueva identidad produce nuevos frutos.

▶ ¿A qué crees que se refería Pablo cuando dijo que ya no vivía él, sino Cristo en él? ¿Cómo puedes aplicar eso a tu propia vida?

▶ ¿Qué normas ves que los cristianos se ponen a sí mismos hoy en día?

▶ ¿De qué maneras has visto la bendición de Dios sobre tu vida?

▶ ¿Cuáles son las nueve características del fruto del Espíritu Santo (Gálatas 5:22-23)? ¿En qué áreas del fruto tienes que mejorar? ¿Qué puedes hacer para mejorar en esas áreas?

PESCADORES DE HOMBRES

SEGUIMIENTO SEMANAL Y ORACIÓN

▶ ¿Qué es lo más importante que aprendiste esta semana?

▶ ¿Cómo puedes aplicar esa enseñanza a tu vida?

▶ Escribe una breve oración por la semana que tienes por delante.

Efesios

AUTOR

La carta a los Efesios la escribió el apóstol Pablo.

FECHA

Lo más probable es que Pablo escribiera Efesios entre el 60 y el 62 d. C. durante su encarcelamiento en Roma. Podemos suponer que Pablo escribió desde allí porque cuando estaba en Roma estuvo en arresto domiciliario, lo cual significa que tenía libertad para predicar y sus amigos podían visitarlo.

AUDIENCIA

Pablo escribió esta carta a la iglesia en Éfeso, en Asia Menor, y lo más probable es que la carta circulara a todas las iglesias de la zona. Éfeso era una ciudad complicada. Estaba saturada de adoración a ídolos, y las personas que vivían allí hacían lo que fuera por conseguir la salvación. Aun así, la iglesia en Éfeso tenía fundamentos firmes.

MOTIVO

La razón por la que Pablo escribió esta carta era para enseñarles acerca de la identidad y mostrarles cómo mantenerse firmes amándose unos a otros en medio de la cultura del momento.

TEMA

Caminar en tu nueva identidad.

VERSÍCULO CLAVE

"Porque somos hechura suya, creados en Cristo Jesús para *hacer* buenas obras, las cuales Dios preparó de antemano para que anduviéramos en ellas" (Efesios 2:10).

Después del saludo, Pablo comienza Efesios diciendo: "Mucho antes de poner los cimientos de la tierra, Él nos tenía en mente y se había fijado en nosotros para dirigirnos su amor, sanándonos y haciéndonos santos por su amor. Hace mucho, mucho tiempo, decidió adoptarnos en su familia a través de Jesucristo… quería que entráramos en la celebración de su generosidad de la mano de su Hijo amado" (Efesios 1:3-6 MSG, traducción libre).

¡Solo en esta pequeña sección ya hay muchísimas cosas sobre nuestra identidad! Hemos sido adoptados. Seremos restaurados y santificados. El deseo de Dios es bendecirnos. ¡Son todas cosas asombrosas! Pablo también utiliza la palabra *predestinación* para describirnos, lo cual es un concepto muy debatido hoy en día. Predestinar significa "Destinar anticipadamente algo para un fin"[1]. Hay dos puntos de vista principales en cuanto a la predestinación: el calvinismo y el arminianismo.

El calvinismo incluye la creencia de que fuimos escogidos para ser salvos. Dios escoge a quienes quiere que estén en el reino, y todo en la vida ocurre para que su plan se cumpla. Los calvinistas predican muy a menudo que todo en la vida ocurre por una razón.

En el arminianismo o wesleyanismo, por otro lado, la creencia es que fuimos escogidos para pertenecer al reino de Dios. Según este punto de vista, tu fe está condicionada por esa afirmación, y tu destino futuro está basado en tus acciones presentes. Aquellos que se adhieren a esta escuela de pensamiento creen en el libre albedrío, pero defienden que una vez que has decidido seguir a Dios, Él tiene un plan predestinado para tu vida. Puedes investigar más sobre cada uno de esos puntos de vista y decidir.

Efesios habla sobre identidad y guerra espiritual. Dedica tiempo a notar lo que Él dice de ti, el lector, porque tú eres hijo de Dios. Hay tanto poder y autoridad detrás de ti que te permite caminar en el plan de Dios para tu vida, en lugar de hacer lo que el mundo te dice que hagas.

1. "predestinar", *The Oxford Pocket Dictionary of Current English*, *Encyclopedia.com*, 27 de mayo de 2023, https://www.encyclopedia.com/humanities/dictionaries-thesauruses-pictures-and-press-releases/predestine.

DÍA 43

▶ ¿Qué significa ser restaurado y hecho santo?

▶ ¿Desde qué ciudadanía tiendes a ver la vida? ¿La celestial o la terrenal? ¿Qué cosas puedes hacer para tener una perspectiva más celestial?

▶ ¿Alguna vez has experimentado guerra espiritual? ¿Cómo puedes arruinar las obras del diablo en tu día a día?

▶ Enumera la armadura de Dios.

1.

2.

3.

4.

5.

6.

PUEDES HACERLO
NO TE RINDAS
SIGUE AVANZANDO
CREO EN TI
DIOS TE CUIDA

Filipenses

AUTOR

La carta a los Filipenses la escribió el apóstol Pablo.

FECHA

Lo más probable es que Filipenses se escribiera alrededor del 61-62 d. C., cerca del final del encarcelamiento romano de Pablo.

AUDIENCIA

Pablo escribía a la iglesia en Filipos, formada principalmente por gentiles.

MOTIVO

Filipenses se escribió para advertir a los filipenses acerca de las falsas enseñanzas que se estaban infiltrando en la iglesia, y para animarlos a que permanecieran alegres en el Señor.

TEMA

El gozo del Señor.

VERSÍCULO CLAVE

"Regocijaos en el Señor siempre. Otra vez *lo* diré: ¡Regocijaos!" (Filipenses 4:4).

RESUMEN

Cuando analizamos la Biblia en general, la carta a los Filipenses podría colocarse en la categoría de *epístolas de la cárcel* junto a Efesios, Colosenses y Filemón. Filipenses se escribió después de esas tres, cuando Pablo estaba terminando su arresto domiciliario en Roma.

Pablo había sido informado de problemas entre los filipenses por un hombre llamado Epafrodito, quien fue enviado a Pablo como una especie de encargado del hogar. Esta carta fue una respuesta a esos problemas y una promesa de que Epafrodito sería enviado pronto de regreso a casa.

Al principio de esta carta de Pablo nos cruzamos con la famosa frase: "Pues para mí, el vivir es Cristo y el morir es ganancia" (1:21). Pablo está ansioso por ir al cielo, pero está dispuesto a quedarse porque ama a las personas. Obviamente, Dios quería que siguiera por aquí, ya que se acercó muchísimo a la muerte en todos sus viajes pero nunca murió. El problema más grande con el que lidiaban los filipenses era la falta de unidad en la iglesia. El orgullo y la envidia se estaban infiltrando donde debería haber bendición y dones espirituales. Algunas personas estaban volviéndose envidiosas por no haber recibido los mismos dones espirituales que otros, y eso causó resentimiento dentro del grupo.

En su carta, Pablo les dice "sed imitadores míos" (3:17) porque él era muy parecido a Cristo. No estaba siendo soberbio, como podríamos suponer después de leer eso; simplemente estaba seguro de quién era él; estaba imitando a Cristo, así que eso es lo que deberían hacer los filipenses también. Él era su ejemplo tangible de alguien que está siguiendo a Cristo y caminando adecuadamente en su nueva identidad. Como sabes, Pablo pasó mucho tiempo en la cárcel. A la gente no le hacía mucha gracia que armara un escándalo en sus ciudades por hablar de Jesús e interrumpir los negocios, así que se lo llevaban preso. Sería lógico que después de la primera o segunda vez se calmara un poco, ¿no crees? Pues no. Simplemente se sacudía el polvo y seguía adelante. Si no hubiera sido por sus encarcelamientos, no tendríamos las epístolas de la cárcel, así que por mí está bien.

Sinceramente, ¿qué otra cosa harías estando en la cárcel que no fuera escribir cartas motivacionales a las iglesias diciéndoles que sigan haciendo aquello por lo que tú estás en la cárcel? Obvio. Sin embargo, es toda una locura porque toda esta carta está llena de gozo, y menciona varias veces que deberían alegrarse porque la vida es maravillosa.

Pablo creía que todo lo que ocurriera en su vida, sin importar lo que fuera, sería parte de un propósito mayor. Si él estaba en la cárcel, se adaptaba a la situación. Si estaba teniendo el peor día imaginable incluso de cualquier persona normal, se adaptaba a la situación. Pablo tenía gozo independientemente de lo que ocurriera en su vida porque sabía que Dios siempre cuidaba de él. Y yo estoy en ese punto también. ¿Sabes por qué puedo tener un buen día todos los días al margen de lo que tenga que soportar? Porque mi gozo viene de conocer a Jesús. Y ya está. Nada más, ni nada menos.

DÍA 44

▶ ¿Qué significa "vivir es Cristo"? ¿Cómo puedes hacer eso?

▶ ¿Qué significa estar siempre gozoso? ¿En qué áreas de tu vida te cuesta mantener el gozo?

▶ ¿En qué nos dice Pablo que debemos pensar en Filipenses 4:8? ¿Cómo puedes obedecer eso personalmente?

▶ ¿De qué manera puede ayudarte a lidiar con tus circunstancias actuales el cambiar tu perspectiva sobre la vida?

Alégrate

Ora

~~**Quéjate**~~

Sé agradecido

Colosenses

AUTOR

La carta a los Colosenses la escribió el apóstol Pablo.

FECHA

Pablo escribió Colosenses al mismo tiempo que Efesios y Filemón, cerca del 60-61 d. C., durante la primera parte de su encarcelamiento romano.

AUDIENCIA

La carta se escribió a la iglesia en Colosas, que estaba compuesta principalmente por gentiles.

MOTIVO

Colosenses se escribió para corregir algunas falsas enseñanzas que estaban distorsionando la visión de Jesús que tenían los colosenses, así como para enseñarles acerca de la deidad de Cristo y mostrarles la plenitud que tenían en Cristo.

TEMA

La plenitud en Cristo.

VERSÍCULO CLAVE

"Porque toda la plenitud de la Deidad reside corporalmente en Él, y habéis sido hechos completos en Él, que es la cabeza sobre todo poder y autoridad" (Colosenses 2:9-10).

RESUMEN

Como aprendimos al analizar Filipenses, Pablo estaba en arresto domiciliario en Roma cuando escribió este texto. Durante ese arresto domiciliario podía recibir visitas y vivir con algún tipo de libertad, aunque estaba siempre encadenado a un soldado romano.

Un hombre llamado Epafras, que era parte de la iglesia en Colosas, le llevó un reporte a Pablo, contándole que las cosas no iban bien. Pablo no tenía autoridad formal sobre los colosenses, pero hizo todo lo que pudo para redirigir su enfoque y que entendieran su nueva identidad en Cristo. Una gran parte de Colosenses tiene un contenido parecido al de Efesios, así que no hay muchos temas nuevos en este libro. También ayuda que Pablo les habla de una manera muy directa para que lo entiendan.

Había falsas enseñanzas circulando por la iglesia en Colosas porque pensaban que era imposible que el cristianismo pudiera ser tan sencillo. Así que lo complicaron. Añadieron diferentes normas y reglas a su doctrina, lo cual despojó al evangelio de su simplicidad y lo transformó en una religión. La verdad, no obstante, es que Jesús vino a salvarnos de la religión. El verdadero evangelio es Jesús y nada más. Sin embargo, a la gente le encanta añadir infinidad de cosas.

Eso es lo que hace que Colosenses sea tan importante para nosotros en la actualidad. Cuando nos empeñamos en añadir tareas al evangelio, Jesús pierde su autoridad en nuestras vidas. Él es verdaderamente nuestro todo. Es lo único que necesitamos. Dios está buscando personas que vivan en la sencillez del evangelio y permitan que la obra de Jesús sea la autoridad suprema de sus vidas. Él quiere trabajar contigo para crear restauración en todas las situaciones y relaciones en las que estás involucrado. Él quiere una relación, no una religión.

Una de las características clave de Colosenses es que es un ejemplo estupendo de Cristología, que es el estudio de Cristo. Pablo nos da un análisis profundo de quién fue y es Cristo, así como el modo en que se relaciona con nosotros. Lo hemos visto varias veces, pero cuando llegamos a Cristo nos convertimos en una creación completamente nueva. Nuestro viejo yo ha pasado y nuestro nuevo yo toma su lugar. El pasado ha sido LITERALMENTE olvidado porque Dios nos ama MUCHO. Ya no tenemos por qué anclarnos en el pasado. Ahora Cristo vive en nuestro interior y quiere ser de influencia en las vidas de las personas que nos rodean.

Compartir el amor de Dios y las buenas noticias acerca de Jesús son nuestro propósito principal ahora que lo hemos aceptado. Puede que seas el único cristiano con el que interactúen hoy las personas a tu alrededor, y Jesús los ama tanto como te ama a ti. Por lo tanto, compártelo.

DÍA 45

LEE COLOSENSES 1-4

▶ ¿Qué le añades a tu fe por costumbre, o por presión de la iglesia, que pueda distraerte de tu relación con Jesús?

▶ ¿A qué se refiere Pablo con "vestirse del nuevo hombre" (Colosenses 3:1-17)?

▶ ¿De qué maneras ha sido cambiada tu identidad ahora que eres un seguidor de Jesús?

▶ ¿Cuáles son tus formas favoritas de compartir el amor de Cristo?

AFÉRRATE FIRMEMENTE A LA VERDAD

1 y 2 Tesalonicenses

AUTOR

Las dos cartas a los Tesalonicenses las escribió el apóstol Pablo. Silas y Timoteo estaban presentes durante su redacción, pero la doctrina era toda de Pablo.

FECHA

Pablo escribió la primera carta a los Tesalonicenses cerca del 50-51 d. C. mientras estaba en Corinto, y la segunda carta se envió solo unos pocos meses después.

AUDIENCIA

Los tesalonicenses eran un grupo de nuevos creyentes que no recibieron mucha enseñanza formal por parte de Pablo. Es probable que fueran predominantemente gentiles y hubieran crecido bajo la adoración pagana. Sabemos que ya estaban siendo perseguidos por su fe y les estaban enviando cartas falsas que afirmaban ser de Pablo a fin de desviarlos de la verdad.

¿DÓNDE ESTABA TESALÓNICA?

Tesalónica estaba en la parte más norteña del mar Egeo y también limitaba con la Vía Egnatia por tierra. Estaba en uno de los mejores lugares posibles para comenzar una iglesia con la esperanza de extender su mensaje por todo el mundo grecorromano. El comercio prosperaba allí debido a su ubicación; definitivamente, era un lugar estratégico.

Pablo visitó Tesalónica en su segundo viaje, después de haber sido dirigido hasta allí por el Espíritu Santo. Vimos esa historia en Hechos cuando el Espíritu Santo impidió que Pablo y sus acompañantes fueran a Asia, pero Pablo vio a un hombre en un sueño que le pidió que cruzara a Macedonia. Tesalónica era la capital de Macedonia durante el Imperio Romano.

Un tiempo después de fundar la iglesia en Tesalónica, Pablo estaba trabajando en Corinto cuando recibió una carta de apoyo de parte de los tesalonicenses. La primera carta de Pablo a los Tesalonicenses es una respuesta al regalo que estos le habían hecho.

MOTIVO

Pablo escribió para animarlos a permanecer en su fe, a no escuchar las acusaciones falsas que había en contra de él, y a seguir trabajando duro hasta la segunda venida.

TEMA

La esperanza en Cristo.

VERSÍCULO CLAVE

"Y que el mismo Dios de paz os santifique por completo; y que todo vuestro ser, espíritu, alma y cuerpo, sea preservado irreprensible para la venida de nuestro Señor Jesucristo" (1 Tesalonicenses 5:23).

RESUMEN

Pablo comienza felicitándolos por vivir su fe tan bien. Se ve que está contento con la forma en que han estado haciendo las cosas. Pablo tiende a ser un motivador profesional. Sabe exactamente qué decir para hacer que las personas avancen en su fe, y funciona casi siempre porque saben que él de verdad se interesa por ellos y dice todo desde el amor. Pablo también se enfoca más en su santidad que en ellos mismos.

A los tesalonicenses les enseña a ser excelentes en el amor que se tienen los unos a los otros y a trabajar duro para no tener ninguna necesidad. En 1 Tesalonicenses 4:10-12 escribe: "Pero os instamos, hermanos, a que abundéis *en ello* más y más, y a que tengáis por vuestra ambición el llevar una vida tranquila, y os ocupéis en vuestros propios asuntos y trabajéis con vuestras manos, tal como os hemos mandado; a fin de que os conduzcáis honradamente para con los de afuera, y no tengáis necesidad de nada". Vaya. Por alguna razón, el trabajo es un tema del que no se habla mucho en la iglesia actualmente. En Génesis 3 Dios dijo que, debido a la Caída, estaríamos obligados a trabajar y no sería divertido.

Pablo sigue con esa misma afirmación aquí. Lo que está diciendo es que, si puedes trabajar, deberías estar produciendo tu propio dinero y ocupándote de tus responsabilidades, no esperar vivir del dinero de los demás.

Podemos colaborar con Dios para apoyar a personas a las que Él ama, sean creyentes o no. Animarnos unos a otros en nuestros dones aumenta nuestra confianza en aquello que Dios nos dio. También nos puede permitir desafiar los límites y crecer en nuestra propia vida espiritual.

El capítulo 5 está cargado de un montón de temas diferentes que Pablo quería cubrir antes de terminar la carta. Dice que la voluntad de Dios es que nos regocijemos, oremos y estemos agradecidos en todo tiempo (vv. 16-18). Después dice que no apaguemos al Espíritu (v. 19) y que no despreciemos las declaraciones proféticas sino que las examinemos con cuidado (vv. 20-21). Ambas son cosas muy importantes.

Muchas veces podemos ser especialmente escépticos con las profecías, porque no es un tema del que se suele enseñar mucho. Sin embargo, el Nuevo Testamento nos enseña constantemente que la profecía es una parte importante de la vida cristiana. Eso sí que es algo por lo que deberíamos orar. Deja que Dios te diga qué piensa Él de este tema.

MOTIVO

Pablo escribió para consolar a los tesalonicenses en su aflicción y abrirles los ojos a las falsas enseñanzas sobre la segunda venida.

TEMÁTICA

Consuelo hasta la segunda venida.

VERSÍCULOS CLAVE

"Porque después de todo, es justo delante de Dios retribuir con aflicción a los que os afligen, y daros alivio a vosotros que sois afligidos, y también a nosotros, cuando el Señor Jesús sea revelado desde el cielo con sus poderosos ángeles en llama de fuego" (2 Tesalonicenses 1:6-7).

RESUMEN

Segunda de Tesalonicenses es muy distinta a la primera carta de Pablo a los Tesalonicenses, aunque se escribieron con solo unos meses de diferencia. Ahora Pablo parece muy distante y molesto con algo que le contaron poco tiempo después de haber enviado la primera carta.

Comienza haciéndoles algunos elogios, pero entra en materia rápidamente. Los tesalonicenses habían recibido una carta falsa que parecía ser de Pablo diciendo que la segunda venida estaba a la vuelta de la esquina, así que ya no tenían por qué trabajar ni perseverar en la fe. Lo triste es que muchas personas lo creyeron.

Pablo continúa diciendo que no podía estar tan cerca porque el hombre de pecado aún no se había revelado, así que todavía quedaba tiempo. Pablo sigue expresando los pensamientos acerca del trabajo que había plasmado en la primera carta, y anima a los tesalonicenses a seguir perseverando en ello. Llega a decirles que no le den comida a otros cristianos que se niegan a trabajar (3:10).

Muchos de los tesalonicenses estaban siendo vagos. Y eso lo veo también mucho en la actualidad, no necesariamente con respecto al trabajo, pero sí cuando se trata del evangelismo y la oración. ¡Este debería ser un tiempo para hacer de todo menos bajar el ritmo! Deberíamos intensificar nuestro evangelismo y nuestras vidas de oración más que nunca si realmente creemos que se acerca la segunda venida.

Dios nos creó para trabajar a su lado, colaborando con Él. No somos sus robots. Él realmente desea que seamos creativos con Él y colaboremos día a día, sea como sea tu situación, ya que para cada persona es diferente. Es un privilegio trabajar junto con nuestro Padre todos los días.

Es interesante añadir que las que probablemente fueron las dos primeras cartas del Nuevo Testamento son acerca de la segunda venida. Últimamente se ha hablado mucho de este tema, y muchas personas se preguntan si vivirán para verlo. Eso, obviamente, sería algo INCREÍBLE para nosotros, pero TERRIBLE para aquellos a nuestro alrededor que todavía no han sido salvos. Y es nuestra responsabilidad compartir el evangelio con ellos.

▶ ¿Considerarías que trabajas duro? ¿Ves el trabajo como si lo estuvieras haciendo para el Señor?

▶ ¿Crees que el anticristo se levantará durante el tiempo que estés vivo? ¿Por qué sí o por qué no?

▶ ¿Sabes lo suficiente acerca del infierno como para querer evangelizar? ¿O no te importa saber que algunas de las personas que te rodean irán allí?

▶ Enumera tres personas a las que quieres evangelizar este año y bosqueja un plan corto para dar ánimo a cada una de ellas.

1 y 2 Timoteo

AUTOR

Las dos cartas a Timoteo las escribió el apóstol Pablo.

FECHA

Primera de Timoteo se escribió alrededor del 64-66 d. C., probablemente desde Macedonia.

AUDIENCIA

Pablo le escribió esta carta a Timoteo, a quien amaba tanto que lo consideraba como su propio hijo. También confiaba inmensamente en Timoteo y lo animaba constantemente a luchar contra su timidez.

MOTIVO

Pablo escribió para animar a Timoteo en medio de la oposición que estaba recibiendo por parte de falsos maestros y para instruirlo acerca del liderazgo en la iglesia.

TEMA

Los roles de liderazgo en la iglesia.

VERSÍCULOS CLAVE

"Te escribo estas cosas, esperando ir a ti pronto, pero en caso que me tarde, te escribo para que sepas cómo debe conducirse uno en la casa de Dios, que es la iglesia del Dios vivo, columna y sostén de la verdad" (1 Timoteo 3:14-15).

FECHA

Segunda de Timoteo se escribió alrededor del 67 d. C. justo antes del martirio de Pablo. Estaba otra vez encarcelado en Roma en ese momento.

AUDIENCIA

Timoteo, el "amado hijo" de Pablo (2 Timoteo 1:2) seguía en Éfeso y estaba lidiando con falsos maestros.

MOTIVO

Esta es la última epístola de Pablo, y en ella le entrega las responsabilidades ministeriales a Timoteo. Pablo lo anima a tener una sana doctrina y a mantenerse firme contra la oposición que llegará.

TEMÁTICA

¡Termina bien, Timoteo!

VERSÍCULO CLAVE

"Pero tú, sé sobrio en todas las cosas, sufre penalidades, haz el trabajo de un evangelista, cumple tu ministerio" (2 Timoteo 4:5).

RESUMEN

Primera de Timoteo, Segunda de Timoteo y Tito fueron escritas por Pablo durante su último viaje misionero y al comienzo de su segundo encarcelamiento romano. Se conocen como las *epístolas pastorales* porque Timoteo y Tito estaban en posiciones pastorales en ciudades diferentes, y Pablo les enseña a encaminar a su gente. Él sabía cuán importante era el orden en la iglesia para que el evangelismo fuera eficaz. Y todos conocemos la opinión de Pablo sobre el evangelismo: era lo más importante. Aunque se llaman epístolas pastorales, no era tarea ni de Tito ni de Timoteo permanecer como pastores en sus respectivas ciudades. Pablo los envió para encaminar a la iglesia, pero el deseo principal de su corazón era que se encontraran con él en Roma antes de ser martirizado.

Timoteo fue enviado para lidiar con los líderes en Éfeso pero sabemos que era un hombre tímido, por lo que esta tarea estaba bastante alejada de su zona de confort. Tito, por otro lado, fue enviado a Creta para lidiar con la iglesia en su conjunto (ancianos y miembros), pero él era fuerte y autosuficiente, lo cual facilitó mucho el trabajo de Pablo. Estas cartas no eran solo para motivar y dar instrucciones, ya que Pablo sabía que también servirían como credenciales para demostrar la autoridad de Timoteo y de Tito.

Gracias a estas cartas y también al libro de Hechos sabemos que Timoteo tenía un padre griego y una madre judía. Su padre no debió estar muy presente, así que tuvo una crianza judía por parte de su mamá y de su abuela. En

Hechos 16 Pablo instó a Timoteo a que se circuncidara no por motivos religiosos, sino para ser admitido en la sinagoga para evangelizar.

Pablo envió a Timoteo a resolver en Éfeso los problemas que no podían ser tratados a través de una carta. Las cosas no iban mal solo en Éfeso; los cristianos en Roma estaban enfrentando un nivel alarmante de persecución por parte de Nerón.

Pablo estaba en la cárcel y sabía que su martirio estaba a la vuelta de la esquina; por lo tanto, era el momento de entregar las riendas a Timoteo. Por eso Pablo es tan insistente en que Timoteo sea persistente en su fe y persevere hasta haber cumplido su misión.

Una y otra vez, Pablo había visto a personas retractarse de su fe cuando la persecución comenzaba a ser intensa. Timoteo no sería uno de ellos, o por lo menos mientras Pablo tuviera oportunidad de impedirlo. El consejo de Pablo era seguir perseverando, independientemente de lo que ocurriera. Él sabía que todo valdría la pena al final, aunque Timoteo comenzaba a perder la esperanza.

Timoteo era tímido, pero su llamado era más fuerte que lo que la gente dijera de él. Lo mismo es cierto para ti hoy. Normalmente, tu llamado es algo imposible ante los ojos de la sociedad, pero siempre está alineado con la voluntad de Dios. Qué bueno para ti que nuestro Dios es el Dios de lo imposible, y casi siempre llama a los menos calificados.

Tú no eres el primero, y por supuesto que no serás el último. Igual que Pablo le dice a Timoteo que persevere en medio de las imposibilidades, también nos lo dice a nosotros. A Dios le encanta mostrarse a través de nuestras vidas; sin embargo, muchas veces no nos damos cuenta porque tenemos una mentalidad muy terrenal. Si mantienes los ojos puestos en Dios y reconoces que Él quiere usarte para llevar a cabo sus tareas divinas, pronto te darás cuenta del privilegio que es trabajar todos los días para tu Padre.

▶ ¿Conoces a alguien que era un creyente firme pero terminó abandonando su fe? ¿Cuáles fueron sus razones?

▶ ¿Cómo te mantienes firme cuando las cosas se ponen difíciles?

▶ ¿Qué características crees que tienen los buenos líderes?

▶ ¿Sientes que Dios te está llamando a hacer algo imposible según los criterios humanos? ¿Qué es? ¿Qué te detiene?

Tito

AUTOR

El apóstol Pablo escribió esta carta a Tito.

FECHA

Pablo escribió Tito al mismo tiempo que Primera de Timoteo, cerca del 64-66 d. C., mientras estaba en Macedonia.

AUDIENCIA

Tito era el representante de Pablo y no necesitaba que nadie le agarrara la mano. Era firme y seguía muy bien las instrucciones, encontrando siempre el modo de llevar a cabo la tarea que se le asignaba. Pablo lo había enviado a la isla de Creta para poner orden entre los miembros de la iglesia. Al contrario que Timoteo, Tito era totalmente griego y un creyente incircunciso.

MOTIVO

Pablo habla brevemente del liderazgo y después le da instrucciones a Tito sobre cómo enseñar acerca de un estilo de vida piadoso a los miembros de la iglesia en Creta.

TEMA

La sana doctrina es lo más importante.

VERSÍCULO CLAVE

"Por eso, repréndelos severamente para que sean sanos en la fe" (Tito 1:13).

Fíjate en cuán diferente es el tono en las cartas a Timoteo y Tito. Timoteo era muy tímido, pero Tito era firme y autosuficiente. Pablo sabía que podía enviar a Tito a hacer una tarea y este encontraría la forma de hacerla. Tito no necesitaba que nadie le agarrara la mano, y Pablo lo sabía. Lo dejó en la isla de Creta y lo puso a trabajar.

Creta no era un lugar muy bueno. Era como algunas partes de Las Vegas actualmente; la inmoralidad más descarada. Tito fue puesto en medio de todo eso, y aunque la situación le desbordaba un poco, eso no le impidió intentarlo.

Pablo escribió para animar a Tito y ayudarlo a lidiar con toda la inmoralidad que le rodeaba. Igual que hizo con Timoteo, Pablo le dijo a Tito qué hacer con el liderazgo, pero su enfoque principal era la gente, ya que había falsas enseñanzas que comenzaban a colarse en la doctrina de los cretenses. Pablo enseña a los miembros cómo actuar para mantener en línea a toda la iglesia. Se enfoca en dos cosas: carácter y verdad. Ambas características debían estar presentes en todos los miembros. Enfatiza tener un buen carácter fuera de la iglesia y un fundamento sólido basado en la Escritura.

Pablo dice que deberíamos adornar el evangelio. Habla de que deberíamos ser atractivos para los no creyentes. Los creyentes deberíamos demostrar a los que no creen que lo que tenemos es mejor que lo que ellos tienen. Nosotros tenemos las respuestas a todos los problemas de la vida, y el Creador del universo está disponible para nosotros las veinticuatro horas del día. Yo creo que la iglesia debe mejorar mucho en este aspecto. Nos hemos separado tanto de la sociedad, que muchas veces no tenemos ni idea de qué atraería a los incrédulos. La sociedad nos cataloga como puritanos, aburridos e hipócritas. Pablo dice que debemos cumplir los estándares de lo que la sociedad considera bueno y llevarlos un paso más allá. Nuestra bondad y amor deberían atraer a los no creyentes.

Como vemos en Timoteo y Tito, tener un fundamento firme es lo más importante que podemos hacer cuando las falsas enseñanzas siguen infiltrándose en la iglesia. Tenemos que saber de lo que hablamos.

Filemón

AUTOR

El autor de esta carta a Filemón fue el apóstol Pablo.

FECHA

Pablo le escribió a Filemón al mismo tiempo que a los efesios y a los colosenses, cerca del año 60 d. C., durante su encarcelamiento romano.

AUDIENCIA

La carta a Filemón fue escrita para Filemón, pero Pablo incluye también a Apia, Arquipo y su iglesia local en Colosas, posiblemente para hacer responsable a Filemón del contenido de la carta.

MOTIVO

Pablo escribió para pedirle a Filemón que perdonara a Onésimo por haberse escapado, y para mostrar que ahora era útil para compartir el evangelio.

TEMA

El perdón, la igualdad y la reconciliación en Cristo.

VERSÍCULO CLAVE

"Te ruego por mi hijo Onésimo, a quien he engendrado en mis prisiones" (Filemón 10).

Filemón es la única carta de recomendación personal en la Biblia. ¿Por qué, entonces, es este libro parte de la Escritura?

Pues bien, en aquella época la esclavitud era muy diferente a lo que es hoy y lo que fue en el pasado más reciente. Aunque para nosotros la esclavitud moderna es sinónimo de deshumanización y brutalidad, ser esclavo en el mundo grecorromano era una profesión decente. Ni las condiciones ni el salario eran necesariamente malos, y algunos estudiosos afirman, incluso, que había más esclavos que personas libres. Así que aquí tenemos a un hombre llamado Onésimo, que era esclavo de un hombre llamado Filemón. Onésimo se había escapado, probablemente mientras hacía algún recado para Filemón, que era un hombre bastante rico.

No sabemos exactamente qué sucedió (algunos suponen que le robó a su amo, aunque la Escritura no lo menciona), pero lo que sí sabemos es que el castigo por escapar era la muerte. Onésimo huyó muy lejos para que Filemón no lo encontrara nunca. Cuando estaba en Roma le presentaron a Pablo, que estaba bajo arresto domiciliario.

Durante el tiempo que pasaron juntos, Onésimo entregó su vida a Cristo. Antes de que Onésimo pudiera seguir, Pablo lo instó a que regresara para pedirle perdón a Filemón. Qué difícil. Comenzar una vida con Cristo no significa que puedas huir de tu pasado. Sí, has sido perdonado y limpiado, pero también tienes la oportunidad de arreglar tu pasado llevando restauración a tus situaciones y relaciones con los demás.

Lo bueno de la historia de Onésimo y Filemón es que Pablo conocía a Filemón, así que pudo enviarle una carta explicándole la situación; sin embargo, eso no significaba que Onésimo ya lo tenía todo resuelto. Su vida seguía estando en las manos de Filemón, porque la consecuencia para un esclavo que huía era la muerte.

Además de todo eso, Pablo hizo que Onésimo entregara la carta personalmente. Tuvo que hacer un viaje larguísimo sin saber qué iba a ocurrir; esta carta literalmente era de vida o muerte para él.

Una de las cosas más interesantes de esta historia es que el nombre de Onésimo significa "útil". Al enviar al esclavo de regreso con su carta, Pablo estaba diciendo que ahora haría honor a su nombre y le sería útil a Filemón como lo era para Pablo. Es una nueva criatura. Ahora tiene un propósito. Pero lo primero es lo primero; tenía que restaurar esa relación. Podemos suponer que Filemón lo manejó bien, porque seguimos teniendo la carta en la actualidad.

El perdón no es algo fácil, pero puede ser aquello que cambie tu vida. Dios ha perdonado tu pasado y le ha dado propósito a tu vida que antes era inútil, igual que le pasó a Onésimo en esta historia.

DÍA 48

▶ ¿Qué virtudes asocia nuestra cultura con las personas buenas? ¿Cómo podemos ser ejemplo de ellas?

▶ Pídele a Dios que te señale cualquier cosa en tu vida que pueda estar impidiéndote madurar, y después escríbelas.

▶ ¿Qué crees que pasaba por la mente de Onésimo cuando viajaba de regreso a la casa de Filemón?

▶ Piensa si tú tienes que hacer un viaje como el que hizo Onésimo. Si es así, ponte en contacto con esa persona y pide perdón o perdona. Escribe acerca de la experiencia.

Hebreos

AUTOR

Nadie sabe quién es el autor de Hebreos y, de hecho, hay bastantes opciones posibles: Lucas, Pablo, Bernabé, Apolos… se ha propuesto incluso a Priscila y Aquila. Entender el contenido del libro no depende de quién creas que lo escribió, así que no te quedes anclado en intentar descifrarlo.

FECHA

El libro de Hebreos se escribió posiblemente alrededor del 64 o 65 d. C. El templo aún no había sido destruido, y Nerón recién comenzaba a perseguir a los cristianos.

AUDIENCIA

El autor de Hebreos dirigió su atención a los creyentes hebreos que se estaban enfocando otra vez en la naturaleza religiosa del judaísmo.

MOTIVO

El libro de Hebreos se escribió para mostrar que Jesús y el nuevo pacto son superiores al judaísmo y la Ley. El autor también animó a los creyentes hebreos en su fe mientras lidiaban con una nueva oleada de persecución.

TEMA

Jesús es mejor que el judaísmo.

VERSÍCULO CLAVE

"Pero el servicio sacerdotal que Jesús ha recibido es superior al de ellos, así como el pacto del cual es mediador es superior al antiguo, puesto que se basa en mejores promesas" (Hebreos 8:6 NVI).

RESUMEN

Hebreos no es un libro fácil de leer para muchos lectores gentiles por su falta de conocimiento sobre el Antiguo Testamento. Como he dicho, es *crucial* que te pongas en los zapatos del lector lo mejor que puedas, pues si no lo haces no llegarás a entender todo el contexto.

En el capítulo 1 el autor describe a Jesús como perfecto. Desde el principio enumera siete razones por las que es mejor (vv. 2-4), y sabemos que el numero 7 simboliza la perfección divina.

Más adelante, en ese mismo capítulo, cuando el autor da razones por las que Jesús es superior, el primer punto principal es que Jesús es mejor que los ángeles. ¿Qué significa eso? Significa que Jesús es mucho mejor mensajero entre Dios y los hombres que cualquier otra experiencia que hubieran tenido en el pasado. Los judíos se apoyaban mucho en las interacciones con los ángeles para conocer el corazón del Padre. Pero tenemos el corazón del Padre en forma humana, Jesús, que nos da la oportunidad de conformar nuestros corazones según el de Él. Además, por mucho que algunos ángeles quieran ser iguales a Dios (acuérdate de Satanás), los ángeles no son ni serán como Dios.

Entonces el autor analiza a Jesús y concluye que es mejor que Moisés y Josué (capítulos 3 y 4), poniendo el enfoque principal en Moisés. Moisés lo era todo en el judaísmo. Los judíos lo tienen como la definición de la santidad y el mayor ejemplo a seguir. En muchas ocasiones se hablaba de Moisés como teniendo la misma autoridad que la Ley porque él fue quien la recibió de parte de Dios.

Después aprendemos que Jesús es mejor que el linaje de sacerdotes de Aarón. El Antiguo Testamento es un buen ejemplo para descubrir qué tipo de liderazgo funcionaba y no funcionaba para los israelitas. Al final, ninguno de los tipos de liderazgo que el pueblo deseaba llegó a funcionar bien. Probaron con el liderazgo de sacerdotes, profetas, jueces y reyes de modo individual, pero lo que realmente necesitaban era alguien que pudiera ocupar todos esos roles. El sacerdocio aarónico nació de la santidad que se requería bajo la Ley. La Ley se utilizaba para medir la santidad, pero en realidad le demostraba al pueblo que era imposible vivir una vida de santidad sin un salvador. La esperanza de los israelitas estaba en ese Mesías que vendría, y la vida sería muy difícil hasta que ese día llegara. La venida de Cristo borró la necesidad de un sacerdocio terrenal porque, aunque la Ley trajo muerte, Cristo trajo vida y vida en abundancia. ¡Aleluya!

A continuación vemos que Jesús es mejor que el viejo pacto. El viejo pacto era inferior porque nunca fue la intención original de Dios. Las personas no podían vivir a la altura de las 613 leyes que tenían que obedecer. Querían vivir una vida que imitara la de las sociedades que les rodeaban, y la presión social jugaba un papel importante en eso. Dios les dio lo que querían una y otra vez, pero nunca era suficiente. La Ley y la implicación de Dios no eran el problema; lo que hacía caer al pueblo eran sus deseos egoístas y su orgullo. Necesitaban una manera definitiva de estar en paz con Dios. Necesitaban que Él hiciera un milagro. Necesitaban un nuevo pacto y una nueva naturaleza.

El autor de Hebreos deja claro que enfocarnos en la religión no nos llevará a ningún lugar, mientras que aceptar la obra redentora de Jesús nos dará vida eterna y abundante aquí y ahora. Nuestra tarea es actuar en fe como respuesta a lo que Dios nos llama a hacer.

DÍA 49

LEE HEBREOS 1-3

▶ Desde el principio de este libro, el autor enumera siete razones por las que Jesús es perfecto. Escribe esas siete cosas:

1. Hebreos 1:2b

2. Hebreos 1:2c

3. Hebreos 1:3a

4. Hebreos 1:3b

5. Hebreos 1:3c

6. Hebreos 1:4a

7. Hebreos 1:4b

▶ ¿Qué características hacen que Jesús sea mejor que los ángeles (Hebreos 2:9-18)?

▶ ¿En qué aspectos es Jesús mejor que Moisés, según se describe en el texto?

▶ ¿Cómo definirías la incredulidad (Hebreos 3:7-19)? ¿Cuáles son algunas de las formas en las que pueden ayudarse los unos a los otros para seguir creyendo?

SEGUIMIENTO SEMANAL Y ORACIÓN

▶ ¿Qué es lo más importante que aprendiste esta semana?

▶ ¿Cómo puedes aplicar esa enseñanza a tu vida?

▶ Escribe una breve oración por la semana que tienes por delante.

DÍA 50

▶ ¿Quién es Melquisedec? ¿Por qué era importante?

▶ ¿En qué aspectos es mejor Jesús que el sacerdocio aarónico?

▶ ¿Cómo se juzgaba y servía a las personas bajo el antiguo pacto y en el nuevo pacto?

▶ El autor dice que Jesús es mejor que muchas cosas. Escríbelas todas aquí abajo:

1. Capítulos 1-2

2. Capítulos 3-4

3. Capítulos 5-7

4. Capítulos 8-10

▶ ¿Quién es tu modelo a seguir en Hebreos 11? ¿Qué puedes sacar de su vida que te motive a crecer en tu fe?

▶ En una escala del uno al diez, ¿cómo clasificarías tu fe (siendo uno "soy realista y no creo que Dios pueda usarme para hacer lo imposible", y siendo el diez "si Dios dice 'Salta', yo SALTO")?

1   2   3   4   5   6   7   8   9   10

▶ ¿Qué te impide tener más fe?

▶ Crea un plan de ataque aquí abajo sobre cómo vivir mejor tu fe a partir de ahora.

Santiago

AUTOR

El autor de esta epístola es Santiago, el hermano de Jesús.

FECHA

Hay un debate muy extenso entre dos posibles marcos de tiempo en los que se escribió Santiago.

El punto de vista temprano sostiene que Santiago se escribió cerca del 47-48 d. C., antes de que se llevara a cabo el Concilio de Jerusalén. Por eso no utiliza contenido del Concilio de Jerusalén cuando rebate temas relevantes.

De acuerdo con el punto de vista tardío, sin embargo, Santiago se escribió cerca del 60-62 d. C., después del Concilio de Jerusalén. Este sería el punto de vista adecuado si Santiago estuviera aclarando varias interpretaciones erróneas de las palabras de Pablo.

AUDIENCIA

Santiago escribió a todos los judíos de la diáspora que siguió a la muerte de Esteban en Hechos 8. Era una carta circulatoria (significa que se escribió para que circulara por las iglesias); no iba dirigida a ningún destino en particular.

MOTIVO

Santiago escribió para explicar qué frutos deberíamos producir cuando vivimos una vida cristiana de obediencia, y también para recalcar la importancia de la sabiduría divina.

TEMA

La fe, las obras y la sabiduría.

VERSÍCULOS CLAVE

"Así también la fe por sí misma, si no tiene obras, está muerta. Pero alguno dirá: Tú tienes fe y yo tengo obras. Muéstrame tu fe sin las obras, y yo te mostraré mi fe por mis obras" (Santiago 2:17-18).

Definitivamente podríamos decir que el libro de Santiago es el Proverbios del Nuevo Testamento. Es lo que se conoce como *literatura sapiencial*, lo cual significa que está lleno de contenido acerca de cómo vivir la vida cristiana. Es el tipo de escrito menos doctrinal, pero es el más práctico para el diario vivir.

Los cinco temas principales que Santiago toca son:

+ Pruebas
+ Fe y obras
+ La lengua
+ Sabiduría
+ Riqueza

Por lo general, la literatura sapiencial no suele seguir un orden. Santiago va de un tema a otro sin una lógica aparente. Analicemos los cinco temas principales y veamos cómo podemos aplicar cada uno de ellos hoy.

PRUEBAS

Los cristianos saben mucho sobre pruebas y tribulaciones. Como hemos visto antes, y seguiremos viendo, ser una nueva criatura significa que ya no eres del mundo. Ahora perteneces al reino del cielo en lugar de pertenecer a la tierra. La guerra espiritual tiende a intensificarse cuando comienzas a caminar en tu nueva identidad como hijo de Dios, lo cual da pie a pruebas y tribulaciones en tu día a día. Una buena descripción que utilizan muchos creyentes es que "estamos en el mundo pero no somos del mundo", basándose en las palabras de Jesús en Juan 15:19 y Juan 17:14-16.

Nuestro verdadero hogar es ahora el cielo, lo cual hace que este trozo de tierra sea solo una parada técnica de camino a casa. Una cosa que debemos tener en cuenta cuando hablamos de pruebas o de guerra espiritual es que Dios puede probarte, pero el que te tienta es siempre Satanás. La prueba es una manera de hacer que tu fe crezca, pero la tentación tiene como objeto intentar que cometas un error. Como puedes leer en 1 Corintios 10:13: "No os ha sobrevenido ninguna tentación que no sea común a los hombres; y fiel es Dios, que no permitirá que vosotros seáis tentados más allá de lo que podéis soportar, sino que con la tentación proveerá también la vía de escape, a fin de que podáis resistirla". En el Antiguo Testamento, Dios permitió que Satanás probara la fe que Job tenía en Él porque sabía que era un siervo fiel. A Job no le fue dado más de lo que podía soportar. Por lo tanto, al margen de cuál sea la prueba o tribulación que enfrentes, mantente siempre enfocado en Cristo y deja que Él te haga más fuerte en tu fe.

FE Y OBRAS

Santiago habla sobre la fe y las obras de una manera que no vemos en ningún otro lugar de la Biblia. Pablo enseñó que la salvación es solamente por gracia y no por obras, pero hablaba de las obras de la Ley, no de las buenas obras. Es cierto que las obras no nos dan la salvación, pero también es cierto que las buenas obras deberían ser el resultado de la fe. La fe cristiana no es solo decir que creemos en Dios, como afirman muchas iglesias hoy en día. La fe cristiana significa crecimiento. Es transformación. Es compartir el amor de Jesús a través de nuestras acciones.

LA LENGUA

La lengua es la parte más poderosa de todo nuestro cuerpo, y por eso es también la más difícil de controlar. Nuestras lenguas tienen influencia. Seguramente mucha más influencia de la que nos gustaría que tuviera. Tan pequeñas pero tan potentes. La versión *The Message* de Santiago 3:6 dice: "Con nuestras palabras podemos arruinar el mundo, convertir la armonía en caos, echar tierra sobre la reputación de alguien, hacer que arda el mundo entero y arder con él, fuego directo del pozo del infierno" (traducción libre). Actualmente no es muy común escuchar enseñanzas sobre la lengua o el poder de las palabras, a pesar de que muchas personas batallan en esta área.

SABIDURÍA

Después, Santiago nos demuestra que hay dos tipos de sabiduría. Una es la sabiduría terrenal y la otra es la sabiduría celestial. Una viene de lo alto y la otra de lo bajo, aquí en la tierra. Como hemos visto al analizar otros libros de la Biblia, es importante que los creyentes mantengan una mentalidad celestial en todas las situaciones, incluso cuando sea difícil. Tener sabiduría de arriba significa que puedes entender el corazón del Padre y actuar en base a él. También significa que estás enfocado en la oración y en escuchar el punto de vista del Señor en todas las situaciones. Se trata de una relación, no de religión. Abordar las situaciones con sabiduría terrenal es lo que ocurre cuando nos basamos solamente en nuestra propia experiencia para dirigir nuestra respuesta. Cada uno de nosotros viene de un contexto diferente que ha dado forma a nuestra manera de pensar. Por ejemplo, algunos de nosotros tenemos sabiduría de la calle mientras que otros tienen sabiduría de libros.

Santiago nos muestra que la meta no es tomar decisiones igual que lo hacen quienes nos rodean, sino buscar la sabiduría del cielo. Ahí está la sabiduría suprema.

RIQUEZA

El último tema que trata Santiago es la riqueza y el impacto negativo que puede tener sobre nosotros y sobre los pobres. Gracias a la redes sociales y a la industria del entretenimiento, recibimos constantemente información sobre qué está de moda, qué es correcto y qué es atractivo. Todos los anuncios intentan mostrarnos el estilo de vida que podríamos estar viviendo si tuviéramos su producto. Los anuncios intentan hacernos sentir que nos estamos perdiendo algo si no cedemos y compramos el producto que anuncian. Pero una vez que lo compramos, siempre habrá algo mejor y más grande que ahora queremos. Es un ciclo que no tiene fin. Podemos ser ciudadanos con mucho dinero, y aun así tenemos *muchos* problemas.

La audiencia a la que Santiago escribía también tenía muchos problemas, muchos de los cuales giraban en torno al dinero. Ignoraban a los pobres, y todo lo que hacían era completamente egocéntrico (dos cosas que no deberían caracterizarnos como seguidores de Jesús). La audiencia de Santiago necesitaba volver a encauzar su mentalidad económica y compartir el amor de Cristo con todas las personas a su alrededor, fueran ricas o pobres. Algo que debo decir es que el dinero en sí mismo nunca es el problema. Conozco a muchos creyentes que tienen muchísimo dinero. El *amor al dinero* es la raíz de todos los males (ver 1 Timoteo 6:10). Es un asunto del corazón.

Las pruebas, la fe y las obras, la lengua, la sabiduría y la riqueza; esas son las cinco áreas que Santiago analiza a lo largo de este libro.

DÍA 52

▶ ¿Recuerdas alguna temporada de grandes pruebas en tu vida? ¿Y alguna temporada de tentación?

▶ Después de convertirte en creyente, ¿notaste algún cambio en tus acciones? Si es así, ¿qué es exactamente lo que ocurrió?

▶ ¿Se te ocurre algún momento en el que te hubiera gustado hablar o quedarte callado? En ese caso, ¿qué ocurrió?

▶ De los cinco temas que hemos analizado en el libro de Santiago, ¿en cuál te gustaría mejorar? ¿Por qué? ¿Qué cosas puedes hacer hoy para comenzar el proceso de mejora?

SANTOS CON GRANDES DONES

1 Pedro

AUTOR

El apóstol Pedro es el autor de 1 Pedro. Pedro era el líder de los doce discípulos. Dicho eso, Pedro fue el primer pastor que fundó la iglesia después de que Jesús ascendió al cielo. Pedro era uno de los discípulos más cercanos de Jesús, aunque lo negó tres veces.

FECHA

Es probable que Pedro escribiera esta carta alrededor del año 64 d. C. cerca del comienzo de la persecución de Nerón a los cristianos. ¿Quién era Nerón, y cuál era su problema?

Nerón fue el emperador romano que reinó del 54 al 68 d. C. Al principio de su reinado era un emperador normal y promedio, pero después las cosas dieron un giro para mal cerca del año 64 d. C. durante el gran incendio de Roma. Los ciudadanos romanos lo culparon de haber causado el fuego porque sabían que tenía grandes planes para la ciudad, y para cubrirse las espaldas él culpo a los cristianos. Desde ese momento, la persecución de los cristianos se intensificó de modo terrible, ya que Nerón hacía cualquier cosa para ganar popularidad. Torturaba a los cristianos crucificándolos, utilizándolos como entretenimiento en luchas contra leones y, lo que es más horroroso, empapándolos de aceite y atravesándolos con un palo para utilizarlos como fuente de luz en sus fiestas.

Roma era cualquier cosa menos un paraíso para los cristianos. Se extendió la voz de lo que estaba ocurriendo entre las iglesias de todo el mundo grecorromano, así que Pedro les escribió para prepararlos para lo que llegaría. Él sabía que con el tiempo sería crucificado, así que esta fue una de las últimas veces que contactó con ellos.

AUDIENCIA

Pedro escribió esta carta a las doce tribus de la diáspora que estaban dispersas por Asia Menor. Recuerda que Pablo era el misionero a los gentiles, mientras que Pedro era el misionero a los judíos.

MOTIVO

Pedro escribía para animar a los creyentes a mantenerse santos en su sufrimiento y a someterse a la autoridad con la esperanza de compartir amor y paz.

TEMA

Sufre ahora y recibe cuidados después.

VERSÍCULO CLAVE

"Y después de que hayáis sufrido un poco de tiempo, el Dios de toda gracia, que os llamó a su gloria eterna en Cristo, Él mismo os perfeccionará, afirmará, fortalecerá y establecerá" (1 Pedro 5:10).

RESUMEN

Primera de Pedro es un libro de persecución y advertencia de lo que estaba por llegar en el futuro cercano. Con lo complicadas que se están poniendo las cosas en nuestro mundo cada día, y siendo perseguidos los cristianos cada vez más, este libro es muy relevante para nosotros. Como vimos en los Evangelios, Jesús siempre dijo que habría persecución y sufrimiento para aquellos que creen en Él. Jesús vale más que el precio a pagar de cualquier persecución que podamos sufrir, y podemos aferrarnos a esa promesa hasta que nos encontremos cara a cara con Él. Aunque la persecución puede llegar, Pedro también nos enseña que somos real sacerdocio. Eso significa que somos príncipes y princesas. Somos de la *realeza*. Aun así, muchas veces no actuamos como tales porque no queremos parecer orgullosos. Eso es una tontería. Dios dice que tú y yo somos de la realeza, hijos del Rey, ¡así que debemos creer lo que Él dice sobre nosotros! Somos un grupo especial. Somos una nación santa. Es crucial que transformemos nuestras mentes para aceptar esta verdad si queremos entender nuestra identidad.

Pedro resalta el hecho de que somos templo de Dios (ver 1 Pedro 2:5). Somos su morada aquí en la tierra. Él vive dentro de nosotros, y eso significa que ahora Él puede estar en cualquier lugar en el que estemos nosotros. Como Dios habita en sus hijos, debemos tener cuidado en cómo tratamos nuestro cuerpo. Los creyentes deberían estar en forma, llenos de gozo y paz, y caminando en la fuerza y el poder de Dios. Pedro deja claro que debemos esperar el sufrimiento. Es parte de la vida cristiana normal. Pero si tu fundamento está construido sobre Jesucristo, persistirás y recibirás una recompensa grande más adelante. La perseverancia en nuestro caminar cristiano es crucial, especialmente en una época en la que la sociedad hace todo lo que puede para desviarnos de la cruz.

Aprender a someternos a la autoridad es una de las maneras en las que podemos perseverar. Tenemos el deber de orar por nuestros líderes gubernamentales, estemos de acuerdo o no con sus decisiones. Sin embargo, también deberíamos mantenernos firmes en contra de sus decisiones cuando sean contrarias a la Escritura. Puede ser difícil orar por personas con las que no estamos de acuerdo, pero también es una de las cosas que más humildad nos producen.

A lo largo de su carta, Pedro deja claro que debemos sufrir como Cristo sufrió. Piensa en el modo en que Cristo sufrió y recuerda que no importa el tipo de sufrimiento que experimentes ahora; recibirás una gran recompensa en el cielo que durará para toda la eternidad. ¡Lo mejor está por llegar!

DÍA 53

LEE 1 PEDRO 1-5

▸ ¿En qué aspectos has experimentado persecución física, espiritual o mental?

▸ ¿Por qué crees que los cristianos son los que más probabilidades tienen de lidiar con la persecución?

▸ ¿Cómo podemos honrar a nuestros líderes gubernamentales incluso cuando no estemos de acuerdo con algunas de sus decisiones?

▸ Escoge a una persona que sabes que no es creyente. Escribe un plan de oración por esa persona y describe cómo te gustaría ver a Dios obrar en su vida.

2 Pedro

AUTOR

La segunda carta de Pedro también la escribió el apóstol Pedro.

FECHA

Pedro sabía que su muerte estaba a la vuelta de la esquina por la manera en que había empeorado la persecución en Roma. Lo más probable es que escribiera su última carta cerca del 66 d. C.

AUDIENCIA

Pedro escribe al mismo grupo de personas que en su primera carta: las iglesias en Asia Menor.

MOTIVO

Pedro escribió esta segunda carta porque las falsas enseñanzas estaban en auge y su doctrina comenzaba a confundirse. Les estaba animando a mantenerse firmes en la verdad.

TEMA

Cuidado con los falsos maestros.

VERSÍCULOS CLAVE

"Así que ustedes, queridos hermanos, puesto que ya saben esto de antemano manténganse alertas, no sea que, arrastrados por el error de esos libertinos, pierdan la estabilidad y caigan. Más bien, crezcan en la gracia y en el conocimiento de nuestro Señor y Salvador Jesucristo. ¡A él sea la gloria ahora y para siempre! Amén" (2 Pedro 3:17-18 NVI).

RESUMEN

Segunda de Pedro tiene una estructura similar a la de 1 Pedro en el sentido de que se enfoca en la salvación, advertencias, y cómo lidiar con lo que está por llegar. Ambas cartas se centran en la importancia de tener unos cimientos fuertes para no ser movidos.

Por medio de las promesas de Dios —escribe Pedro— podemos ser "participantes de la naturaleza divina" (1:4). Pedro no dice que llegaremos a ser Dios, como podrían sugerirnos las creencias budistas o de la Nueva Era, sino que vamos de gloria en gloria, haciéndonos más semejantes a Cristo cada día (como dice 2 Corintios 3:18). Cuando lleguemos más adelante a Judas, te darás cuenta de que 2 Pedro 2 es casi igual a Judas, palabra por palabra. En Judas los burlones están presentes, pero en 2 Pedro están todavía en el futuro, así que es probable que Pedro escribiera primero. Podemos suponer, sin embargo, que los dos eran amigos ya que Judas era hermano de Jesús. Las iglesias de los dos tenían los mismos problemas, y tanto Pedro como Judas sabían que si había falsas enseñanzas en la iglesia, esta se derrumbaría desde adentro hacia afuera a pesar de la cantidad de persecución que hubiera. Por eso Pedro enfatiza de nuevo la importancia de tener un cimiento fuerte. Si entienden la salvación en base a la Escritura, podrán discernir entre lo que es verdad y lo que viene del enemigo.

La primera vez que estudié 2 Pedro, pensé que era un libro con el que no podía identificarme. Cuando Pedro hablaba acerca de los falsos maestros, sentía que eso no aplicaba para mí porque no pensé que eso fuera un problema en la iglesia actual. Entonces comencé a estudiar algunas de las creencias de varias denominaciones actuales, y me sorprendí al darme cuenta de que hay falsas enseñanzas POR TODAS PARTES. Me sorprende cuán contrarias a la Escritura son algunas enseñanzas, y aun así las personas las creen porque no conocen la Biblia por sí mismas.

¿Sabes qué?

La creencia de que debes arrepentirte a través de otra persona NO es bíblica.

La creencia de que los milagros ya no ocurren NO es bíblica.

La creencia de que el Espíritu Santo ya no es relevante NO es bíblica.

La creencia de que el bautismo infantil te cubre de por vida NO es bíblica.

En la actualidad hay muchas cosas que se enseñan en algunas iglesias que son mentiras descaradas, pero no podrías saberlo a menos que conocieras la verdad. Por eso estoy tan orgulloso de que hayas dedicado este tiempo a sumergirte en la Palabra este año y aprender por ti mismo lo que es y lo que no es de Dios. Tenemos a nuestra disposición en todo momento dos de los mayores regalos del mundo: el Espíritu Santo y la Biblia. No dejes que pase un solo día sin aprovechar ambos. Pasa tiempo en oración esta semana dándole gracias a Dios por darte el deseo de estudiar su Palabra. Pídele también que abra tus ojos para ver qué es de Él y qué es una mentira disfrazada de verdad en tu vida.

DÍA 54

LEE 2 PEDRO 1-3

▶ ¿Qué puedes hacer hoy para potenciar cada una de las cualidades que enumera Pedro en 2 Pedro 1:5-7? Haz una lista de las cosas en las que tienes que mejorar.

▶ ¿Cómo puedes responder a las personas que se burlan de ti o de tus creencias?

▶ ¿Qué cosas puedes hacer para tener una mentalidad más eterna en tu día a día?

▶ ¿Cómo deberíamos lidiar con las falsas enseñanzas?

1, 2 y 3 Juan

AUTOR

El apóstol Juan escribió las tres cartas al final de su residencia de treinta años en Éfeso.

FECHA

Estas tres cartas se escribieron antes de su muerte en el 98 d. C. y después de haber escrito su Evangelio; es decir, alrededor del 90-95 d. C.

AUDIENCIA

La primera carta de Juan se escribió a las iglesias de Asia Menor, que eran las iglesias que rodeaban Éfeso, el lugar donde vivía. Tenía una relación asombrosa con todas las iglesias después de haber estado allí durante treinta años, y todas estaban en comunión unas con otras.

MOTIVO

Juan escribió esta primera carta con un enfoque aún más marcado en la comunión dentro de sus comunidades, para enseñarles más acerca del pecado, para confirmar su salvación y para desacreditar cualquier enseñanza falsa que estuviera infiltrándose en la zona.

TEMA

La seguridad de la vida eterna.

VERSÍCULO CLAVE

"Estas cosas os he escrito a vosotros que creéis en el nombre del Hijo de Dios, para que sepáis que tenéis vida eterna" (1 Juan 5:13).

RESUMEN

En esta carta es evidente que Juan ve las cosas de una manera muy binaria. Todo en la vida encaja en una de dos categorías: o es bueno o es malo. Ambas ejercen influencia sobre ti, y puedes elegir en cuál quieres enfocarte. Tal como vimos en el Evangelio de Juan y veremos de nuevo en Apocalipsis, Juan escribe en grupos de siete. Conoce la importancia divina del número y sigue esa estructura a lo largo de sus puntos principales.

En esta carta, examina siete contrastes principales:

+ Luz y oscuridad
+ Verdad y mentiras
+ Amar al Padre y amar al mundo
+ Vida y muerte
+ Hijos de Dios e hijos del diablo
+ Amor y odio
+ Buenas obras y malas obras

¿Qué sucede con la oscuridad cuando enciendes una luz? Desaparece. Lo mismo ocurre con Cristo. Sabemos que Él *es* luz, y como está dentro de nosotros, también somos luz. Esa es una revelación profunda. Significa que siempre que entramos en un lugar oscuro, ya no está oscuro porque nosotros estamos allí. Cristo en nosotros expone la oscuridad y la hace desaparecer. Comprender eso debería darnos más confianza para la próxima vez que nos encontremos en un lugar que carece de la presencia de Dios. Podemos vencer cualquier táctica que el enemigo utilice contra nosotros, basándonos en la sangre derramada de Jesús y en quiénes somos en Cristo. Eso es algo increíble.

La vida de un cristiano se trata de este proceso llamado santificación, que exploramos en Gálatas. Es la obra que el Espíritu Santo realiza internamente en nuestras vidas. Cuando decidí seguir a Cristo con todo mi corazón, Él tuvo que hacer una limpieza importante. Me sentía como un saco de boxeo, siendo golpeado de un lado a otro para cambiar mis pensamientos y deseos personalmente, profesionalmente y relacionalmente. Admito que todavía lucho con el cambio, pero la intensidad de la batalla ha disminuido a medida que me he vuelto más y más como Jesús. Eso es lo que Juan quiere transmitir. Cuanto más te acercas a Cristo, menos impacto tendrá el pecado en tu día a día.

Nuestro deseo debería ser parecernos más a Cristo. Si realmente lo estás siguiendo, debería haber signos visibles de progreso. Como nueva creación que caminamos por el Espíritu, ya no es natural para nosotros pecar. Todavía pecamos, pero ya no es nuestra naturaleza. La semilla de Dios dentro de nosotros contradice la influencia del diablo en el exterior. El pecado no es ninguna broma, y Dios no lo toma a la ligera. Debemos redirigir nuestro enfoque para permitir que Él haga su obra dentro de nosotros y nos use para su propósito mayor. Juan quiere que tengamos confianza en nuestra nueva naturaleza. Ahora vivimos en el lado opuesto del espectro, en comparación con lo que solíamos conocer. La vida realmente es tan binaria como lo hace ver Juan. Hay bien y mal. Elige un lado.

AUDIENCIA

La audiencia de 2 Juan se debate ampliamente porque no especifica quiénes son la "señora elegida y sus hijos" en el saludo. Puedes escoger entre las tres opciones principales que he encontrado:

En primer lugar, Juan podría estar escribiendo a una mujer desconocida que tiene una iglesia en su propia casa, probablemente en Éfeso.

En segundo lugar, Juan podría estar escribiendo a una iglesia en su conjunto y a sus miembros. La "señora elegida" sería la iglesia misma, sus "hijos" podrían ser los miembros, y su "hermana" podría ser otra iglesia.

En tercer lugar, (esto no se enseña mucho, pero tiene más sentido para mí), Juan podría estar escribiendo a María, la madre de Jesús. María habría sido conocida como una "señora elegida", considerando que era la madre de Jesucristo.

Sabemos que tenía otros hijos y una hermana. Además, Jesús le dijo a Juan que cuidara de ella, lo cual coincidiría con el tema de esta carta.

Sin embargo, no lo sabemos con certeza y, sinceramente, no es tan importante.Principio del formularioFinal del formulario

MOTIVO

Juan escribió advirtiendo sobre no mostrar hospitalidad a los falsos maestros.

TEMA

La hospitalidad.

VERSÍCULO CLAVE

"Si alguno viene a vosotros y no trae esta enseñanza, no lo recibáis en casa, ni lo saludéis" (2 Juan 10).

AUDIENCIA

Juan escribió su tercera carta a un hombre llamado Gayo, que tenía una iglesia en su casa en algún lugar de Asia Menor.

MOTIVO

Juan escribió para animar a Gayo en su amor por la hospitalidad, para lidiar con el orgullo de Diótrefes, y para decirles que aceptaran las enseñanza de Demetrio.

TEMA

Acepten a otros creyentes.

VERSÍCULO CLAVE

"Por tanto, debemos acoger a tales hombres[a], para que seamos colaboradores en pro de la verdad" (3 Juan 8).

RESUMEN

Estas dos cartas de Juan, que son cortas y casi idénticas, se escribieron a un hombre y a una mujer. Ambas debían escribirse desde una perspectiva diferente para adaptarse a la manera diferente en la que piensan los hombres y las mujeres. El asunto principal a tratar en ambos casos era la hospitalidad. Juan escribe a la señora elegida para advertirle acerca de mostrar hospitalidad a los falsos maestros. En eso se resume la totalidad de esta carta.

Juan escribió su tercera carta a un hombre llamado Gayo para animarlo en su amor por la hospitalidad, lidiar con el orgullo de Diótrefes, y para decirle a la iglesia que se reunía en su casa que aceptara las enseñanzas de Demetrio. Tercera de Juan básicamente enseña a la iglesia a aceptar a otros creyentes.

Como mencioné, Juan les dice a los receptores de su segunda y tercera carta cómo ser mejores a la hora de mostrar hospitalidad. La mujer debía ser más cautelosa y el hombre tenía que ser más abierto. Había muchos misioneros en el mundo grecorromano, y dependían de la hospitalidad de otros creyentes. Esta situación permitió que las falsas enseñanzas se extendieran, porque cualquiera que fuera "creyente" era aceptado.

Un cuerpo

Una mente

Una iglesia

Un Dios

▶ ¿Qué significa ser ciudadano del cielo mientras estamos aquí en la tierra?

▶ ¿Qué crees que significa que "Dios es amor"? (1 Juan 4:8)

▶ ¿Quién es la persona más hospitalaria que conoces? ¿Qué le hace ser especial?

▶ ¿Cómo puedes tú ser más hospitalario con otros creyentes?

Judas

AUTOR

El autor de Judas es "Judas, siervo de Jesucristo, y hermano de Jacobo" (1:1). Eso significaría que tanto Judas como Santiago (Jacobo) eran medio hermanos de Jesús.

FECHA

Judas se escribió poco tiempo antes o después de 2 Pedro, pero antes de la destrucción del templo en el 70 d. C., probablemente entre el 67 y 69 d. C.

AUDIENCIA

Lo más probable es que Judas escribiera a los creyentes de la diáspora que posiblemente estaban ubicados en Antioquía, ya que este lugar era un núcleo y era muy accesible para los falsos maestros.

MOTIVO

Judas escribió porque los falsos maestros estaban influenciando a la iglesia y haciendo que los creyentes se extraviaran. Judas los anima a mantenerse firmes y a luchar por su fe.

TEMA

Luchar por la fe.

VERSÍCULO CLAVE

"Amados, por el gran empeño que tenía en escribiros acerca de nuestra común salvación, he sentido la necesidad de escribiros exhortándoos a contender ardientemente por la fe que de una vez para siempre fue entregada a los santos" (Judas 3).

Judas es un libro que muchas personas se saltan porque no entienden su importancia. La verdad es que es un libro un tanto extraño. Si lo comparamos con 2 Pedro 2, son casi iguales. Judas aborda algunos problemas que la audiencia está enfrentando, que comenzaron con un grupo de falsos maestros que enseñaban que se podía abusar de la gracia. Decían que una vez que eras salvo podías pecar todo lo que quisieras y daba igual. El corazón del Padre no es así.

Sí, la gracia nos cubre cuando nos equivocamos, pero nuestro estilo de vida ya no debería reflejar una vida de pecado. Ahora somos nuevas criaturas y tenemos dentro de nosotros mismos el poder para vivir en santidad e ir de gloria en gloria.

En segundo lugar, los falsos maestros enseñaban que Jesús no era el ÚNICO camino al cielo, sino solo UNO de los caminos. Eso no necesito explicarlo. Tú ya sabes que Jesús es el único camino.

Debemos poner el enfoque en seguir la Escritura y modelar el corazón del Padre hacia aquellos que han sido engañados. Esto significa abordar la situación de manera amorosa, pero firme. Necesitamos dar a conocer la verdad, pero nuestras acciones deben surgir de un corazón lleno de amor. Judas comienza caracterizando a los falsos maestros como "impíos" (v. 4). También utiliza esta palabra tres veces en el versículo 15 para describirlos. Su impiedad era una burla a la piedad. ¡Ese sí que es un tema importante! Hoy en día la iglesia constantemente es objeto de burlas por parte de la cultura debido a nuestra piedad. Nos hemos convertido en el blanco de las bromas de la sociedad. Sin embargo, Dios nos dice en su Palabra que esto sucedería, así que no podemos sorprendernos mucho ni molestarnos demasiado cuando ocurra.

Una cosa que Judas deja clara es que debemos luchar por el evangelio. Debemos luchar y defender la verdad. Jesús es "el camino, la verdad y la vida. Nadie viene al Padre sino por Él" (Juan 14:6). No importa lo que digan tus compañeros, si te mantienes enfocado en tu relación con Jesús, siempre estarás cuidado. Judas nos enseña que debemos aprender a luchar por la fe.

A medida que las cosas se vuelven más caóticas en el mundo, necesitamos estar preparados para defender la verdad, sin importar lo que se nos presente. Una forma de luchar por la fe es memorizar la Escritura, aferrándonos a esas verdades y compartiéndolas con otros. Te animaría a que comiences a memorizar la Escritura si todavía no lo haces. Conocer lo que Dios dice acerca de Él mismo y de ti te servirán como excelentes recordatorios cuando las cosas comiencen a ser más intensas.

Apocalipsis

AUTOR

El autor de Apocalipsis es el apóstol Juan, quien también escribió el Evangelio de Juan y tres epístolas.

FECHA

Apocalipsis se escribió hacia el final de la vida de Juan y después de sus otros escritos, con una fecha aproximada de mediados de los años 90 d. C.

AUDIENCIA

Según Apocalipsis 1:11, Juan está escribiendo este libro "a las siete iglesias que están en Asia: a Éfeso, Esmirna, Pérgamo, Tiatira, Sardis, Filadelfia y Laodicea".

MOTIVO

Juan escribió el libro de Apocalipsis para mostrar el cumplimiento del plan de Dios.

TEMA

La iglesia actual y su futuro

VERSÍCULO CLAVE

"Escribe, pues, las cosas que has visto, y las que son, y las que han de suceder después de estas" (Apocalipsis 1:19).

RESUMEN

Apocalipsis tiene un extraño estigma asociado que hace que muchas personas eviten intentar leerlo. Al mismo tiempo, es el único libro de la Biblia que promete una bendición sobre el lector, lo cual para mí es algo muy interesante.

Sí, algunas de las visiones pueden parecernos extrañas porque no son el tipo de cosas que vemos todos los días en el ámbito de lo natural.

Eso se debe a que Apocalipsis es lo que llamamos literatura *apocalíptica*. Mira al futuro desde el ámbito espiritual en lugar de hacerlo mediante la perspectiva natural. Es el futuro según lo ve Dios.

Apocalipsis completa la historia de la redención. Podemos aferrarnos a la promesa de un mañana mejor sobre la base de lo que dice la Palabra de Dios sobre el futuro. Esta es su promesa de lo que un día será nuestra realidad.

A medida que comiences a estudiar, deberías saber que hay cuatro puntos de vista principales sobre cómo interpretar el Apocalipsis:

La postura *Preterista* sostiene que todo en el texto ocurrió antes del año 70 d. C., pero hay muchas críticas que demuestran que eso es imposible.

La postura *Historiográfica* cree que la historia de la iglesia se divide en siete secciones, cada una de ellas representada por una de las iglesias mencionadas en Apocalipsis 1:11.

La postura *Futurista* ha sido una de las ideas más populares en la iglesia occidental en los últimos cien años. Esta postura sostiene que casi todo en el Apocalipsis debe tomarse literalmente y verse como una cronología de eventos futuros, incluyendo el Rapto, siete años de tribulación, un reinado terrenal de mil años de Jesús, y un enfoque importante en los eventos actuales.

La postura *Idealista* cree que el libro debe interpretarse simbólicamente a la luz de la Escritura, con un enfoque en la iglesia como el cumplimiento de Israel. Los juicios de los sellos, las trompetas y las copas en Apocalipsis representan eventos que han tenido lugar desde el comienzo de la era de la iglesia.

Quisiera animarte a investigar más a fondo cada una de estas perspectivas en lugar de simplemente basarte en la serie *Dejados atrás* y en lo que tu iglesia pueda enseñar sobre el tema. Mis puntos de vista han cambiado con el tiempo, y la verdad del asunto es que hay cosas en la Escritura que no sabremos hasta que realmente sucedan. Por lo tanto, hay argumentos sólidos en todas las posturas, y está bien discrepar con las opiniones de los demás. Al final, una perspectiva puede ser correcta y otra incorrecta, pero no debería influir en nuestra salvación; todos deberíamos compartir nuestros testimonios y predicar el evangelio sin importar lo que suceda. Así que investiga más a fondo las perspectivas en el internet, observa lo que creía la iglesia primitiva, consulta diferentes comentarios, y diviértete con ello.

Muchos afirmarían que el juicio de Dios en el Apocalipsis es un tormento para aquellos que no lo siguieron. Esa es una suposición totalmente falsa. El juicio de Dios es un acto de amor. Es una segunda oportunidad. En medio del juicio, Dios otorga más tiempo para el arrepentimiento, para que las personas se arrodillen ante Cristo y lo reciban como Salvador y Señor. La ira de Dios muestra su verdadero corazón.

Dios no quiere que pasemos la eternidad en el infierno. Desea ansiosamente que cada persona pase la eternidad en el nuevo cielo y la nueva tierra. Este fue su plan desde el principio; nunca fue que las personas sufrieran eternamente. Pero Dios nos ama y nos da la capacidad de elegir: podemos elegirlo a Él o no. No nos creó para ser robots. Más bien, desea una relación con nosotros. Nos ama mucho; tan solo mira la cruz.

DÍA 56

▷ Judas habla sobre los falsos maestros. ¿Cómo lidiarías con los falsos maestros en tu iglesia hoy?

▷ ¿Crees que Apocalipsis debe estudiarse de manera literal o simbólica?

▷ Tan solo en el capítulo 1 hay veinticuatro títulos o descripciones de Jesucristo. En toda la Escritura hay en realidad unos doscientos. ¿Qué títulos de Jesús recuerdas?

▷ ¿Cómo manejas la crítica? ¿Te identificas con alguna de las siete iglesias? En caso afirmativo, ¿qué sugiere Juan hacer en cuanto a ese rasgo?

SEGUIMIENTO SEMANAL Y ORACIÓN

▶ ¿Qué es lo más importante que aprendiste la semana pasada?

▶ ¿Cómo puedes aplicar esa enseñanza a tu vida?

▶ Escribe una breve oración para la semana que tienes por delante.

DÍA 57

▸ Juan describe que en el cielo todos están adorando, alabando al Rey de reyes. ¿Cómo influye actualmente la adoración en tu vida?

▸ ¿Por qué crees que Dios usó copas, sellos y trompetas para describir lo que estaba ocurriendo?

▸ ¿Quién crees que son los ciento cuarenta y cuatro mil de Apocalipsis 7?

▸ ¿Cómo reconcilias la ira de Dios durante los últimos tiempos con el hecho de que es un Dios de amor?

▶ ¿Quién crees que son los "dos testigos" de Apocalipsis 11?

▶ Intenta describir qué representan la mujer, el hijo varón y el dragón en Apocalipsis 12.

▶ ¿Qué crees que es o será la marca de la bestia? ¿Por qué crees que se pone en la mano derecha o en la frente?

▶ ¿Crees que estamos en las etapas de inicio de los últimos tiempos?

▶ ¿Crees que el Armagedón será una guerra literal en el Medio Oriente?

▶ ¿Por qué crees que Dios escogió a Babilonia para representar al mundo?

▶ ¿Por qué crees que a Jesús se le representa como un cordero?

▶ Si recuerdas el estudio del Evangelio de Juan, a menudo escribía sobre el siete (siete milagros, siete frases de tipo "Yo soy", etc.). ¿Qué representa el número siete en el cristianismo? ¿Cuántas veces aparece Jesús en este libro?

▶ ¿Cómo crees que serán las bodas del Cordero?

▶ ¿Qué piensas sobre el infierno?

▶ ¿Cómo crees que será la nueva tierra? ¿Qué comeremos? ¿Qué haremos?

▶ ¿Cómo te sentiste con respecto a Apocalipsis antes de leerlo versus después de leerlo? ¿Por qué crees que tantas personas deciden no estudiarlo?

LA FE DICE

RESISTE

CUANDO

LA DUDA DICE

DÉJALO

¡Felicidades!

Has terminado. Acabas de lograr algo que muchas personas nunca han hecho: estudiar el Nuevo Testamento completo. Pero *tú* si lo lograste. Estoy muy orgulloso de ti, y sé que Dios también lo está.

Antes de despedirnos, hay una última cosa que me gustaría que hicieras. Usa el resto de esta página para explicar el mensaje del evangelio de una manera fácil de entender que puedas usar en el futuro para evangelizar.

Mateo 28:19 dice: "Id, pues, y haced discípulos de todas las naciones, bautizándolos en el nombre del Padre y del Hijo y del Espíritu Santo". Ahora que conoces mejor la Palabra, ¡ve y compártela! ¡Haz discípulos! ¡Difunde el AMOR de nuestro Padre!

Que Dios te bendiga.

—Z

REFLEXIÓN SOBRE LOS 60 DÍAS

Dedica un momento a reflexionar sobre los últimos sesenta días y cómo Dios transformó tu corazón mediante el proceso.

▶ ¿Dónde estás ahora en tu viaje de fe?

▶ ¿Qué ha sido lo más importante que Dios te enseñó mediante este proceso?

▶ ¿Cómo piensas seguir estudiando la Biblia?

Cómo compartir el evangelio

Compartir tu fe con otros puede ser difícil. Lo entendemos.

Por lo tanto, lo hemos dividido en tres sencillos pasos para ayudarte a comenzar a compartir el evangelio hoy mismo.

Paso 1: Entiende el evangelio. ¿Por qué se llama "buenas noticias"? ¿Y por qué debemos compartirlo?

Paso 2: Escucha antes de hablar. ¿Qué cree actualmente tu amigo?

Paso 3: Vívelo. ¿Refleja tu vida el mensaje que quieres compartir?

Paso 1: Entiende el evangelio. ¿Por qué se llama "buenas noticias"? ¿Y por qué debemos compartirlo?

Cuando leemos la palabra *evangelio* en el Nuevo Testamento, significa buenas noticias. Si no lo sabías, el Nuevo Testamento se escribió originalmente en griego. Así que la palabra *evangelio* en griego es *euangelion*. Es de donde obtenemos las palabras *evangelista* y *evangélico*. Pero nuestro enfoque hoy son las buenas noticias.

Entonces, ¿por qué el evangelio son buenas noticias?

Pues bien, debes empezar por mirar las malas noticias.

Al principio, en la primera parte de la Biblia llamada Antiguo Testamento, conocemos a un hombre llamado Moisés. En los días de Moisés, la nación de Israel, que era el pueblo elegido de Dios, estaba esclavizada en Egipto. Dios termina usando a Moisés para liberar al pueblo de la esclavitud a través de varios milagros, lo que básicamente significa que Dios hizo algo extravagante que no tiene sentido para nuestras mentes en el plano físico.

Una vez que el pueblo fue liberado, Dios les dio lo que conocemos como la Ley. Sí, la Ley era un conjunto de reglas que cumplir, pero eso se debía a nuestra naturaleza de pecado en ese momento, y Dios quería que viviéramos conforme a estándares más altos. Por lo tanto, era más como un manual sobre cómo vivir una vida santa. La Ley establecía que la única manera de ser completamente purificado de pecado era a través del sacrificio de una vida inocente. Para nosotros eso suena a locura, pero en ese tiempo era parte de la cultura.

Finalmente, la nación de Israel se apartó y perdió de vista la Ley.

Entonces llegamos a la segunda parte de la Biblia llamada Nuevo Testamento, y entra en escena un hombre llamado Jesús. Anunciaba que el reino de Dios estaba aquí y que el dominio de Dios sobre Israel estaba siendo restaurado.

E iba a ser a través de Él. Estas eran las buenas noticias.

Sin embargo, a los estamentos políticos del momento no les gustaba el mensaje de Jesús porque amenazaba su estatus. Jesús decía que el reino de Dios iba a tomar el control.

Así que lo mataron.

Poco sabían que este sacrificio de una vida inocente y sin pecado era exactamente lo que tenía que suceder para cubrir los pecados de cualquiera que creyera en Jesús y en el mensaje que predicaba.

Pero Él no permaneció muerto. Al tercer día resucitó de entre los muertos, demostrando que era el verdadero Rey y que el reino de Dios verdaderamente reinaba de manera suprema.

Y la mejor noticia de todas es que Jesús ofrece compartir esta victoria con nosotros. Ya no estamos sujetos a la Ley, sino que podemos ser libres y vivir eternamente en el cielo y finalmente en una nueva tierra. No podemos ganarnos nuestra salvación; es un regalo gratuito. Esa es la mejor noticia de todas. Ese es el evangelio. Y puedes elegir si quieres creerlo y aceptarlo o no. Lo que sí sé es que el deseo de Dios para ti es que elijas la vida.

Si quieres aprender más sobre el evangelio, quiero contarte que en realidad los primeros cuatro libros del Nuevo Testamento se llaman *Evangelios*. Están escritos desde diferentes perspectivas de hombres llamados Mateo, Marcos, Lucas y Juan.

Luego puedes leer el libro de Hechos para aprender cómo otras personas comenzaron a difundir estas buenas noticias.

Y ahora es nuestra responsabilidad continuar difundiéndolas.

Paso 2: Escucha antes de hablar. ¿Qué cree actualmente tu amigo?

No puedes compartir tu fe sin entender dónde se encuentra realmente la otra persona. ¿Cuáles son sus puntos de vista sobre Dios? ¿La vida? ¿La religión? ¿Ha tenido alguna experiencia buena o mala con otros cristianos?

Con demasiada frecuencia, los cristianos intentan compartir su fe hablando apasionadamente *a* las personas, pero no dialogando *con* ellas. Compartir tu fe comienza con un diálogo saludable, y eso se produce cuando escuchas.

Sin embargo, escuchar puede ser difícil. Requiere paciencia, empatía, discernimiento y sabiduría. Cuando se escucha con atención, el resultado es que la otra persona se siente amada y atendida. Esto es muy importante. Sus respuestas deberían ayudarte a saber qué decir y qué no decir. No fuerces nada; mantenlo natural. Está bien si las personas no creen de inmediato, podrían tardar años. Simplemente mantén la paciencia y continúa la conversación.

Escuchar es la clave que desbloquea la comunicación.

Paso 3: Vívelo. ¿Refleja tu vida el mensaje que quieres compartir?

La manera más efectiva de compartir el evangelio es viviéndolo. Deja que las buenas noticias de tu vida sean tu respaldo. La gente se da cuenta cuando vives con una mayor sensación de esperanza, paz, alegría y paciencia. Y sabemos que todo eso proviene de nuestra relación con Jesús.

A las personas les encanta ver las cosas en acción, y compartir el evangelio no es diferente. Cuando tu vida está en consonancia con tu mensaje, es cuando la gente comienza a escuchar.

Y vivir el evangelio es simple. Sigue el ejemplo de Jesús y deja que el amor sea tu guía.

Recuerda que es una maratón, no una carrera de velocidad. Algunas personas tardarán mucho tiempo solo en entender por qué crees lo que crees, y otros quizá nunca lo lleguen a entender. Y luego hay algunos que querrán exactamente lo que tú tienes. Tu única responsabilidad al seguir a Jesús es persistir y dejar que Dios haga el resto. ¡Tú puedes con esto, y lo mejor está por venir!

ORACIÓN DE SALVACIÓN

Si tienes un amigo que quiere aceptar a Jesús como su Señor y Salvador, el siguiente paso en su camino de fe es comenzar una relación personal con Él, mediante la cual será salvo de la consecuencia de sus pecados: la muerte. A esto se le llama salvación.

Como cristianos, somos salvos por gracia mediante la fe en Jesucristo. Jesús murió y resucitó para pagar el precio de nuestros pecados. La salvación no viene de nuestras buenas obras o de hacer algo especial; es un regalo gratuito de Dios solo porque nos ama mucho. Tenemos que apartarnos de nuestros pecados, creer que Jesucristo es el Hijo de Dios y nuestro Salvador, y someter a Él nuestra vida como Señor. Haciendo esto recibimos la salvación y la vida eterna. ¡Qué maravilloso es esto!

Si esto es algo que tu amigo quiere hacer, ayúdale con esta oración:

Jesús, creo que eres el Hijo de Dios y el Salvador del mundo. Creo que moriste por mis pecados y resucitaste de la muerte. Creo que mediante tu sacrificio, soy una nueva persona. Perdóname por mis pecados y lléname con tu Espíritu. Hoy, decido seguirte durante el resto de mi vida como el Señor de mi vida. Amén.

LOS SIGUIENTES PASOS DE TU AMIGO

+ Encontrar una iglesia local a la cual conectarse.
+ Intentar leer la Biblia y pasar tiempo en oración, al menos diez o quince minutos diarios.
+ Bautizarse.

Preguntas y respuestas generales

1. ¿Qué significa la palabra *evangelio*?

2. ¿Qué libros componen los cuatro Evangelios?

3. ¿A quién escribe Mateo en el Evangelio de Mateo?

4. ¿Quiénes eran los padres de Jesús?

5. ¿En qué ciudad nació Jesús?

6. Cuando Jesús era un bebé, ¿quién quiso matarlo?

7. ¿Quién era la madre de Juan el Bautista?

8. ¿Dónde encontraron a Jesús cuando sus padres lo perdieron?

9. ¿Qué dijo Juan el Bautista cuando vio a Jesús?

10. Durante el bautismo de Jesús, ¿qué forma adoptó el Espíritu Santo?

11. ¿A qué edad comenzó Jesús su ministerio?

12. ¿Cuánto tiempo estuvo Jesús en el desierto cuando fue tentado por Satanás?

13. ¿Cuál fue la primera tentación de Jesús?

14. ¿Cuál fue el propósito de que Jesús viniera a la tierra?

15. ¿Qué significa la palabra *gentil*?

16. ¿Qué significa la palabra *rabí*?

17. ¿Qué es un discípulo?

18. ¿Qué palabras usa Jesús cuando recluta a sus discípulos?

19. ¿Cuál fue el primer milagro de Jesús?

20. ¿Qué discípulo se llamó a sí mismo "aquel a quien Jesús amaba"?

21. ¿De qué nacionalidad era la mujer del pozo?

22. ¿Qué discípulo intentó caminar sobre el agua con Jesús?

23. ¿Qué discípulo era recaudador de impuestos antes de seguir a Jesús?

24. ¿Cuál era el nombre del hombre que le pidió a Jesús que sanara a su hija, quien se estaba muriendo?

25. ¿A qué tipo de siervo se hace referencia en Marcos con respecto a Jesús?

26. ¿Qué usó Jesús para alimentar a los cinco mil?

27. Después de que Jesús sanara al ciego en Betsaida, ¿qué le dijo Jesús que no hiciera?

28. Si quieres seguir a Jesús, debes tomar tu...

29. ¿Qué tipo de árbol maldijo Jesús?

30. Jesús dijo que "es más fácil que un camello pase por el ojo de una aguja" que para un rico...

31. ¿Por qué no debemos dar a nadie en la tierra el título de *padre*?

32. ¿Quiénes fueron los dos profetas que aparecieron en el Monte de la Transfiguración con Jesús?

33. ¿Cuántas piezas de plata recibió Judas por traicionar a Jesús?

34. El Evangelio de Juan se centra en Jesús siendo plenamente Dios y plenamente…

35. ¿Cuáles son las tres partes que componen la Trinidad?

36. ¿En qué Evangelio se habla más del Espíritu Santo?

37. ¿Cuál es el versículo más corto de la Biblia?

38. Tras la muerte de Lázaro, ¿qué dijo Jesús en la entrada de su tumba?

39. ¿Cuántas declaraciones del tipo "Yo soy" hay en el Evangelio de Juan?

40. ¿Cuáles son todas las declaraciones del tipo "Yo soy" de Jesús en el Evangelio de Juan?

41. ¿Cómo podemos llegar a conocer a Dios el Padre?

42. ¿En qué animal se montó Jesús cuando entró en Jerusalén?

43. En la comunión, ¿qué representan el pan y el vino?

44. ¿Cuánto tiempo estuvo Jesús en la tumba?

45. ¿Cuánto tiempo estuvo Jesús en la tierra entre su resurrección y ascensión?

46. Después de que Jesús resucitó, ¿cuántas veces le preguntó a Pedro si lo amaba?

47. ¿En qué tres idiomas estaba escrita la nota que Pilato colocó en la cruz de Jesús?

48. ¿Cuál era el significado de que el velo del templo se rasgara en dos?

49. ¿Cómo se representa a Jesús con respecto a la Pascua?

50. ¿Qué significa arrepentirse?

51. ¿Cuál era la ocupación de Lucas?

52. ¿Qué discípulo sustituyó a Judas Iscariote después de traicionar a Jesús?

53. ¿Qué les sucede a los discípulos y otros creyentes al comienzo de los Hechos?

54. ¿Cuántas personas se añaden a la iglesia en el día de Pentecostés en los Hechos?

55. ¿Quién es apedreado hasta la muerte por su fe en Jesús?

56. ¿Quién cuidaba las capas de los hombres que apedrearon a Esteban?

57. ¿Cuál era el nombre judío de Pablo?

58. ¿Quién fue el rabino de Pablo?

59. ¿A qué ciudad se dirigía Pablo cuando tuvo el encuentro con Jesús?

60. ¿Cuál era el nombre de la ciudad natal de Pablo?

61. ¿Bajo quién estudió Pablo antes de su conversión?

62. ¿Quién se unió a Pablo en su primer viaje misionero?

63. ¿Qué fue el Concilio de Jerusalén?

64. ¿Cuántos viajes misioneros hizo Pablo?

65. ¿En qué isla naufragó Pablo?

66. ¿Quién estaba en la cárcel con Pablo cuando sus cadenas se soltaron tras cantar música de adoración?

67. ¿Qué es una epístola?

68. ¿Quién escribió la mayoría de las cartas del Nuevo Testamento?

69. ¿Qué dice Pablo que puede separarnos del amor de Dios?

70. ¿Qué significa santificación?

71. ¿Qué capítulo en el Nuevo Testamento se considera el "capítulo del amor"?

72. ¿Qué don espiritual dice Pablo que deberíamos procurar "sobre todo"?

73. Donde está el espíritu del Señor, hay…

74. ¿Cuántas características componen el fruto del Espíritu Santo?

75. ¿Qué características componen el fruto del Espíritu Santo?

76. ¿Para quién fue escrita la carta a los Efesios?

77. En la "armadura de Dios" de Efesios 6, ¿qué representa la espada?

78. ¿Qué parte de la armadura de Dios se asocia a la salvación?

79. ¿Cómo dice el libro de Efesios que los niños pueden vivir una larga vida en la tierra?

80. ¿Desde dónde escribió Pablo el libro de Filipenses?

81. ¿Qué cartas de Pablo son conocidas como las epístolas de la cárcel?

82. ¿Con qué frecuencia se instruye a los creyentes que oren?

83. ¿Qué cartas de Pablo son conocidas como las epístolas pastorales?

84. ¿Qué papel juega Pablo en la vida de Timoteo?

85. Aparte de Pablo, ¿qué otro hombre influyó en la fe de Timoteo?

86. ¿Cuál es la única carta de recomendación en la Biblia?

87. En el libro de Filemón, ¿a quién pide Pablo que se le perdone?

88. La Palabra de Dios es más afilada que…

89. ¿A qué capítulo de la Biblia se le considera la "Galería de la fe"?

90. ¿Cuáles son los cinco libros que escribió Juan?

91. Según el libro de Santiago, la fe está muerta cuando no hay…

92. ¿Cuál es el propósito de los dones espirituales?

93. ¿Cuál fue el último libro que escribió Pablo antes de su muerte?

94. ¿Cuánto tiempo durará el reino de Dios?

95. En el libro de Judas, ¿qué arcángel se dice que discutió con el diablo por el cuerpo de Moisés?

96. ¿Cuál es el libro más corto del Nuevo Testamento?

97. ¿En qué isla tuvo Juan la visión de Apocalipsis?

98. ¿Cuál es el único libro de la Biblia que dice que serás bendecido al leerlo?

99. ¿Qué número repite Juan a lo largo del libro de Apocalipsis?

100. Según Apocalipsis, ¿cuánto tiempo reinará Jesús en la tierra después de su segunda venida?

1. Buenas noticias

2. Mateo, Marcos, Lucas y Juan

3. Los judíos

4. María y José (Lucas 2:1–8)

5. Belén (Mateo 2:1)

6. Herodes el Grande (Mateo 2:13)

7. Elisabet (Lucas 1:13)

8. El templo (Lucas 2:41–52)

9. "He aquí el Cordero de Dios" (Juan 1:29)

10. Una paloma (Lucas 3:22)

11. Alrededor de treinta (Lucas 3:23)

12. Cuarenta días (Mateo 4:2)

13. Convertir piedras en pan (Mateo 4:3)

14. Buscar y salvar a los perdidos (Lucas 19:10)

15. Una persona no judía

16. Maestro

17. Un estudiante o aprendiz

18. "Sígueme" (Mateo 9:9; Marcos 1:17; Lucas 5:27; Juan 1:43)

19. Convertir agua en vino (Juan 2:9)

20. Juan (Juan 13:23)

21. Samaritana (Juan 4:7)

22. Pedro (Mateo 14:29)

23. Mateo (Mateo 9:9)

24. Jairo (Marcos 5:22)

25. Siervo sufriente (Marcos 8:31)

26. Cinco panes y dos peces (Marcos 6:38)

27. No vayas a la ciudad (Marcos 8:26)

28. Cruz (Marcos 8:34)

29. Una higuera (Marcos 11:13–14)

30. Entrar en el reino de Dios (Marcos 10:25)

31. Tenemos un Padre que está en el cielo (Mateo 23:9)

32. Elías y Moisés (Mateo 17:3)

33. Treinta (Mateo 26:15)

34. Humano/hombre

35. Dios el Padre, Dios el Hijo y Dios el Espíritu Santo

36. Lucas

37. "Jesús lloró" (Juan 11:35)

38. "Lázaro, sal fuera" (Juan 11:43)

39. Siete (Juan 6:35; 8:12; 10:9; 10:11; 11:25; 14:6; 15:5)

40. "Yo soy el pan de vida" (Juan 6:35); "Yo soy la luz del mundo" (Juan 8:12); "Yo soy la puerta" de las ovejas (Juan 10:7–9); "Yo soy la resurrección y la vida" (Juan 11:25); "Yo soy el buen pastor" (Juan 10:11); "Yo soy el camino, la verdad y la vida" (Juan 14:6); "Yo soy la vid verdadera" (Juan 15:1)

41. Solo a través de Jesús (Juan 14:6)

42. Un burro (Juan 12:14)

43. El cuerpo quebrantado de Jesús y su sangre (Lucas 22:19–20)

44. Tres días y tres noches (Mateo 12:40)

45. Cuarenta días (Hechos 1:3)

46. Tres (Juan 21:15–17)

47. Arameo, latín y griego (Juan 19:20)

48. Una relación con Dios estaba ahora disponible para todas las personas a través del sacrificio expiatorio de Jesús.

49. Como el Cordero de Dios (Juan 1:29)

50. Reconocer y apartarte de tus pecados

51. Médico (Colosenses 4:14)

52. Matías (Hechos 1:26)

53. Están llenos del Espíritu Santo (Hechos 2:4)

54. Tres mil (Hechos 2:41)

55. Esteban (Hechos 7:59–60)

56. Pablo (Hechos 7:58)

57. Saulo (Hechos 13:9)

58. Gamaliel (Hechos 22:3)

59. Damasco (Hechos 9:3)

60. Tarso (Hechos 21:39)

61. Gamaliel (Hechos 22:3)

62. Bernabé (Hechos 13:2–3)

63. Una reunión para decidir si los cristianos gentiles debían observar la ley mosaica (Hechos 15)

64. Cuatro (Hechos 13:4–15:35; 15:36–18:22; 18:23–21:17)

65. Malta (Hechos 28:1)

66. Silas

67. Una carta

68. Pablo

69. Nada (Romanos 8:38–39)

70. El proceso de llegar a ser santo

71. 1 Corintios 13

72. Profecía (1 Corintios 14:1)

73. Libertad (2 Corintios 3:17)

74. Nueve (Gálatas 5:22–23)

75. amor, gozo, paz, paciencia, benignidad, bondad, fidelidad, mansedumbre, dominio propio (Gálatas 5:22–23)

76. La iglesia en Éfeso (Efesios 1:1)

77. La espada del Espíritu, también conocida como la Biblia (Efesios 6:17)

78. El yelmo (Efesios 6:17)

79. Honrando a sus padres (Efesios 6:2–3)

80. Prisión (Filipenses 1:13)

81. Efesios, Filipenses, Colosenses y Filemón

82. Continuamente (1 Tesalonicenses 5:17)

83. 1 y 2 Timoteo y Tito

84. Su padre espiritual (1 Timoteo 1:2)

85. Bernabé

86. El libro de Filemón

87. Onésimo (Filemón 1:10)

88. Cualquier espada de doble filo (Hebreos 4:12)

89. Hebreos 11

90. Evangelio de Juan, 1 Juan, 2 Juan, 3 Juan y Apocalipsis

91. Obras (Santiago 2:17)

92. Servirse mutuamente y glorificar a Jesús (1 Pedro 4:10–11)

93. Segunda de Timoteo

94. Para siempre (2 Pedro 1:11)

95. Miguel (Judas 1:9)

96. Judas

97. La isla de Patmos (Apocalipsis 1:9–11)

98. Apocalipsis (Apocalipsis 1:3)

99. Siete (Apocalipsis 1:4, 5:6, 10:3, etc.)

100. Mil años (Apocalipsis 20:4)

Reconocimientos

En 2014 me mudé a Australia con una Biblia y un puñado de preguntas apremiantes: ¿Es Dios real? ¿Es cierta la Biblia? ¿Quiero seguir buscando la fe de mi infancia?

Lo cuestionaba todo. Y quería ser sincero conmigo mismo. Si iba a considerarme cristiano, al menos debería conocer la Biblia, ¿verdad? Por lo tanto, participé en un programa donde estudiamos la Escritura intensamente: doce horas al día, seis días por semana. La trayectoria de mi vida cambió para siempre.

Este libro es la culminación de mi tiempo en Australia mezclado con lo que he aprendido en mis estudios personales. Las personas que influyeron positivamente en mi relación con Dios son innumerables, pero estoy profundamente agradecido con algunas de ellas:

Gisela, mi amor, por tu paciencia, amabilidad y brillantez. Estos libros son tanto tuyos como míos. Te amo.

Pete y T, mamá y papá, por orar siempre para que tenga pasión por la Palabra de Dios, incluso cuando más alejado estaba de Él. Funcionó.

Tony y Elsa, mis suegros, por enseñarme cómo llevar a Dios a cada momento e inspirarme a profundizar aún más en la Escritura.

Bryan Hunsberger por crear un espacio seguro para que las personas luchen con la Escritura y se enamoren de Jesús. Atesoro cada momento en el *Sunshine Coast*. Encendiste todo esto dentro de mí.

El equipo de *Brand Sunday* por trabajar incansablemente en cada nuevo proyecto para acercar más a las personas a Dios y hacer que la Biblia sea menos abrumadora. Todos ustedes me inspiran sin cesar.

Jeff Braun y todo el equipo de *Bethany House* por darme una oportunidad, y llevar este material a más personas de las que podría haber imaginado.

Sharon Hodge, mi extraordinaria editora, por señalar todos mis errores y animarme a seguir escribiendo.